Hamilton Werneck

Educar é sentir as pessoas

EDITORA
IDEIAS&
LETRAS

DIRETORES EDITORIAIS:
Carlos Silva
Ferdinando Mancílio

EDITORES:
Avelino Grassi
Roberto Girola

COORDENADOR EDITORIAL:
Elizabeth dos Santos Reis

REVISÃO:
Ana Lúcia Leite
Maria Isabel de Araújo

PROJETO GRÁFICO E EDITORAÇÃO:
Alfredo Carracedo Castillo

CAPA:
Cristiano Leão

Todos os direitos em língua portuguesa,
para o Brasil, reservados à Editora Ideias & Letras, 2018.

7ª impressão

Rua Barão de Itapetininga, 274
República - São Paulo/SP
01042-000 (11) 3862-4831
Televendas: 0800 777 6004
vendas@ideiaseletras.com.br
www.ideiaseletras.com.br

Dados Internacionais de Catalogação na Publicação
(CIP)
(Câmara Brasileira do Livro, SP, Brasil)

Werneck, Hamilton
Educar é sentir as pessoas / Hamilton Werneck.
— Aparecida, SP: Ideias e Letras, 2004.

ISBN 85-98239-03-8
Bibliografia.

1. Auto-estima 2. Educação – Finalidades e objetivos
3. Pedagogia 4. Prática de ensino
5. Sucesso profissional I. Título.

04-0645   CDD-370.11

Índice para catálogo sistemático:

1. Educação: Finalidades e objetivos 370.11

Educar é sentir as pessoas é dedicado a dois irmãos que estudavam no mesmo corredor da mesma escola e não se conheciam como irmãos de sangue, filhos do mesmo pai e da mesma mãe. Um deles tinha dezessete anos, o outro, doze anos. Foi o fato de sentir essas pessoas em seus dramas e angústias que permitiu levá-los a se conhecer. O encontro foi diante de minha mesa de trabalho. Enquanto os irmãos conversavam afastei-me para chorar no banheiro mais próximo. Valeu a pena sentir essas pessoas!

"*Se os trabalhadores não decifrarem os problemas que causam a interrupção da prestação dos serviços (no caso específico das telecomunicações) são devorados do posto ou setor de trabalho; decifrando e resolvendo as imponderabilidades, seu saber, com o tempo, é devorado...*"

Decifra-me ou te devorarei – Inscrição do pórtico da cidade de Tebas, na Grécia. A esse respeito, Lucídio Bianchetti, no livro: *Da Chave de Fenda ao Leptop*, nos explica:

Para escaparmos sãos e salvos desse grande dilema precisamos retornar aos bancos escolares. Podem ser cursos mais demorados ou mais rápidos. Precisamos, no entanto, voltar a estudar e ter, como princípio, mantermos nossa formação contínua. Por tudo isso a universidade tem seu papel relevante, a terceira onda e a sociedade do conhecimento fazem exigências diferentes de outras épocas e o "pacto da ignorância" é a pior estratégia que uma pessoa pode escolher.

A solução pode estar na capacidade de sentir as pessoas. Aquele que é capaz de sentir é também capaz de manter as conexões que o impedem de ser "devorado".

Reflexão pedagógica e autoestima

O mundo apresenta dois caminhos claros a nossa frente: num deles parece estarmos incapacitados de segurar o mundo que rola sobre nós com todo o seu peso, retratado na necessidade constante de aprimoramento, atualizações, buscas para enfrentar a velocidade do tempo; noutro deles, surge a oportunidade de enfrentar, com nossa inteligência e a capacidade de sentir as pessoas, as dificuldades da vida profissional. Eis os dois caminhos. Nossa tarefa será mostrar que temos forças para enfrentar essas situações, superá-las e encontrar a felicidade e realização em nosso trabalho.

Alguns olham a vida por meio de olhos negativos, não buscam o contexto em que as pessoas se encontram, em que o próprio SER está inserido e, portanto, não conseguem realizar suas tarefas. Assim, não compreendendo as necessidades de melhorar a qualidade de vida profissional e a competência pessoal, sentem a necessidade de voltar-se para o primeiro buraco que aparecer, sobretudo quando se tem a noção da perda, da vergonha e da falta de competência para sentir as reações de sentimento profundo de cada um. Outros, ainda, sentem falta do ninho, do antigo e confortável ninho em que viviam, onde nada faltava, não se exigia esforço, tudo chegava à boca sem essa busca incessante de melhoria de qualidade, de aprimoramento pessoal e de uma ação constante e efetiva para acompanhar a velocidade das mudanças. Mas, quem não vencer a tentação de ficar no ninho jamais aprenderá a voar. Esse é um aviso como uma placa de estrada. Quem o seguir progredirá, quem não o seguir continuará em sua lamentação, como pássaro adulto reclamando pela falta do antigo ninho. Os que ultrapassam essa situação progridem, os que não a ultrapassam fazem coro com os demais colegas de salas de professores a lamentar a própria profissão, sem a coragem de buscar outra que lhes dê a plena felicidade e realização pessoal. Outros, ainda, fazem como os avestruzes: enfiam a cabeça na areia, esperando que o passar do tempo, como tempestade do deserto, possa significar o ato de escapar do enfrentamento com a realidade das mudanças e exigências de nosso tempo. Este tempo é um tempo de sentir profundo para poder ler em cada pessoa as trilhas de sua intimidade.

Somos, por vezes, racionais demais, vivemos nosso lado esquerdo do cérebro, levando às últimas consequências suas

Educar é sentir as pessoas

características, e deixamos de lado nossa criatividade se perder pelos caminhos da vida profissional. Passamos a vida corrigindo os erros dos alunos e quase nada vemos de positivo feito por eles. Essa é a visão que leva o mestre a se tornar um pessimista, sem a capacidade de vibrar com os avanços de seus alunos por ser incapaz de senti-los.

Somos mais urubus que garimpeiros, somos mais razão que emoção e não buscamos os *pontos fortes de nossos alunos*, como nos propõe Santo Agostinho num opúsculo sobre o papel do professor, escrito em 350 d.C.

A visão positiva de nossa carreira profissional passa pelos laços de solidariedade e o aumento se dá quando entendemos o contexto de nossos alunos, sobretudo o todo afetivo que os envolve.

A competitividade e a linha ultrapassada do ganha-perde ainda são muito fortes dentro da consciência do professor, sobretudo daquele que não evoluiu, chegando ao início deste século como um *professauro*. Estes pensam que a boa escola é a que reprova, como se os bons hospitais fossem aqueles que tivessem médicos especialistas em matar seus pacientes.

É verdade que o animal quando estimulado responde e que o ser humano responde se quiser. Mas, quando nos deparamos com mestres presos às questões de seleção com a intenção de excluir os educandos, preocupo-me seriamente com a felicidade desse profissional ao longo dos anos que faltam para completar seu tempo de trabalho e se aposentar. Certamente não será uma vida feliz, pela falta de sintonia com seus semelhantes, pela falta de religação de saberes, pela falta de conexões, em suma, pela falta completa do sentir e do ter compaixão das pessoas. Por isso, quem não sente não educa!

Não podemos mais conviver com esse tipo de profissional em pleno século XXI, onde o afeto e a motivação são incapazes de ocupar o lugar do pessimismo e da derrota.

É preciso levar a beleza do universo e sua grandeza para dentro das salas de aula, é preciso levar aos alunos a esperança de alcançar um futuro profissional seguro. É necessário pensar que todos podem aprender, que a boa escola é aquela em que o aluno aprende, que a escola precisa viver uma cumplicidade entre educador e educando. Precisamos ser cúmplices, pessoas interessadas no futuro deles.

Os alunos, na simplicidade da observação com o coração, leem nossos gestos. Os alunos percebem facilmente nossas ações, se estão na linha prazerosa e, dessa observação, deduzem sem teorias complexas se devem aumentar ou diminuir a confiança que em nós depositam.

Somos chamados, homens e mulheres, através do trabalho educacional para colaborarmos com este universo em transformação, melhorando-o a cada dia. Somos levados a colaborar com a melhoria da qualidade humana, sobretudo naqueles momentos em que percebemos que nossos alunos

Educar é sentir as pessoas

estendem suas mãos esperando as nossas para completar um gesto solidário e comprometido. Das mãos chegaremos aos corações e, do entendimento profundo entre pessoas que sentem, brotará uma autoestima maior e o sentido da educação.

Entardecia em Parnaíba-Piauí, na lembrança de Gilberto, Nadja, Ivoneide, Sonali e Deuzimar.

A autoestima como recurso da prática docente

Se perguntássemos qual o professor que desejamos para nossos filhos, certamente teríamos como resposta que esse profissional deveria estimar a própria profissão. Dificilmente os alunos conseguirão prazer em aprender se o mestre não tiver o prazer de ensinar.

Uma escola de visão industrial, de segunda onda, tem seu enfoque no ensino. Nesse caso, se o professor ensina, o papel está cumprido, mesmo que seja com uma certa "cara" amarrada. Cabe, nesses casos, aos alunos, engolir seco e aceitar o que lhes foi oferecido por ser, talvez, a pessoa mais indicada naquela região e saiba bem os assuntos dos programas. Se essa escola tiver altos índices de reprovação por causa da falta de sintonia do professor com seus alunos, não deverá ser motivo de questionamento porque o enfoque está sendo levado a sério: não está na aprendizagem, está no ensino e nos programas a serem cumpridos.

Nesses casos não é necessário falar em autoestima porque, sendo ela a mola mestra das sintonias necessárias à aprendizagem, não seria exigida pelo próprio enfoque da "onda" repetitiva e de produção em série e mecanicista.

A autoestima é necessária num outro enfoque: na educação de terceira "onda", onde se enfoca primeiramente o aprendizado. Não se concebe ensino sem que haja o aprendizado. Assim, o conceito que o professor tem de si mesmo torna-se importante e primordial para que os alunos compreendam sua linguagem. Estimando-se, poderá mais facilmente estimar seus alunos e ter com eles uma relação de parceria que só termina quando todos, realmente, entenderam e aprenderam o que foi ensinado.

A autoestima não é, como alguns acreditam, prima-irmã da superstição. Essa história de começar o dia com o pé direito, colocar galho de arruda atrás da orelha e dizer palavras de poder mágico estão em campos diferentes. A autoestima não faz milagres, porém, quem não se estima deve ter algum problema psicológico que mereça um estudo especial. Já diz o provérbio: "se você está triste, certamente entre você e Deus, há algum problema". A autoestima é o resultado de um conceito positivo de si mesmo, de uma paz interior que faça, diariamente, que a pessoa perceba que está realizando as tarefas corretas e que deseja continuar realizando-as por se tratar de uma escolha livre e acertada para si mesmo.

Por exemplo, a autoestima não exigirá que as pessoas façam somente o que gostam. Poderão fazer, também, o que não gostam, no entanto, continuarão a ter forças para enfrentar dificuldades e, mais ainda, enfrentá-las junto com os alunos. Quando os aprendentes percebem que as tarefas são difíceis mas o professor é um aliado deles, o enfoque torna-se diferente e a busca dos objetivos é mais persistente.

A autoestima facilita a busca de um perfil profissional correto e produtor de tal felicidade que ela se refletirá em sala de aula, produzindo efeitos, também benéficos, para os alunos.

A segurança derivada desse estado de ânimo colocará os professores como aliados dos pais, ouvindo-os e estimulando-os. Presentes às reuniões com pais de alunos, os que têm autoestima facilitarão a compreensão dos problemas e estimularão a presença dos pais na escola.

Costumo afirmar que todas as instituições que alijam as famílias de participação não devem ter intenções sérias. Ou, se as têm, estão seguindo uma estratégia errada porque os primeiros educadores são os pais dos alunos e a ação da escola é complementar, não devendo as famílias terceirizar a educação para instituição alguma. Isso não significa que cada aluno, dentro de uma instituição de ensino, receba uma orientação que interesse, individualmente, à sua família. Uma ordenação de estratégias pedagógicas precisa ser mantida para que todos possam progredir e para que haja uma socialização com a educação. Os alunos, com essa ordenação, conseguirão uma participação maior e uma visão comunitária mais abrangente.

A autoestima é geradora de confiança em si mesmo. Assim, um professor confiante no acerto de suas estratégias pedagógicas poderá levar para dentro da sala de aula a certeza de que os alunos poderão abandonar o ninho onde nasceram e criar asas para conquistas maiores e mais compatíveis com as próprias competências.

A autoestima não atrapalha o estabelecimento de limites, pelo contrário, por causa de uma segurança pessoal, oriunda da própria estrutura psicológica do professor, haverá apoio para os debates que resultarão no enfrentamento de problemas de convivência que possam atrapalhar o aprendizado.

Por fim, a autoestima do professor indicará um caminho seguro que os alunos precisam perceber num profissional tão próximo. Isso se refletirá, certamente, nas decisões que os alunos vierem a tomar em suas vidas profissionais.

Não há impedimento que uma pessoa que se estime tenha a humildade de perceber que ainda menos sabe, do que, na realidade, sabe. Nada impede que essa pessoa peça ajuda espiritual e psicológica. Que faça suas preces, que procure conselho. A autoestima não é uma incubadora de orgulho, pelo contrário, permite ver a realidade de maneira positiva, onde devemos adiar satisfações e conviver com frustrações.

Situação diferente é vivida pelos que têm autoestima baixa: estes vivem na frustração porque têm uma negação de suas próprias capacidades dentro do próprio ser.

Não é possível manter-se em grau elevado de autoestima sem sentir as pessoas e seu mundo ao redor.

Ao final do Congresso de Educação de
Não Me Toque – RS.

Educar é sentir as pessoas

O exercício do poder, mesmo de um coordenador ou diretor de escola, a liberdade e a segurança no trabalho exigem o abandono da linha e a adesão às grandes redes de comunicação e relacionamento, portanto, às conexões. Seja dentro da sala de aula ou dentro da comunidade escolar, dentro de qualquer organismo, quem não se estrutura em rede estará perdendo preciosa energia.

A segmentação cartesiana, a atitude de impedir que outros cresçam pelo medo de perder o poder, refletem o despreparo de líderes, sejam eles políticos ou administradores, sejam eles professores exercendo a docência.

As conexões dentro das redes devem ser da pessoa humana como um todo: seu corpo e sua alma; seu cérebro e sua mente; seu pensar e seu sentir.

Ensaio sobre os poderes

Existem dois tipos de poder, facilmente reconhecidos, quando andamos em meio à espécie humana: o poder posicional e o poder pessoal.

Por poder posicional entendemos aquele que as pessoas têm enquanto exercem alguma função, estão num determinado cargo. Quando um general entra no quartel pela manhã, os soldados batem continência. É a reverência ao poder posicional. Se em certa manhã de domingo este mesmo general deixar seu apartamento e for à banca comprar jornais, usando bermuda e chinelos, raros serão aqueles que reconhecerão nele a figura do militar e comandante. Ninguém baterá continência.

Por poder pessoal entendemos aquele que as pessoas têm e carregam com seu próprio ser. Ele continua existindo quando o poder posicional acaba. Qualquer pessoa que tenha poder pessoal, depois de perder o posicional, senta-se num banco da praça de sua cidade e fica logo rodeado de amigos que querem conversar e pedir até algum conselho. Esse poder ninguém perde.

O poder posicional pode ter alternância, o pessoal não, é sempre mantido.

Daí a importância de todos os seres humanos procurarem perceber o porquê dos assédios. Uns procuram por amizade, então está falando mais alto o poder pessoal; outros, ainda, por interesse, então está falando o poder posicional.

Todos os que, homens e mulheres, ocuparem algum cargo de confiança ou por concurso, terão seu poder posicional e não podem escorar-se somente nele por ser passageiro e efêmero. Com todas as possibilidades de manutenção no cargo, fruto de um concurso, por exemplo, é importante desenvolver sempre o poder pessoal, a capacidade de acolher, atender as pessoas, encaminhá-las e considerá-las em suas angústias e momentos felizes. Assim, quando o poder posicional acabar ficará o outro que poderá durar por toda a vida, mesmo que seu gabinete seja o banco da praça.

Grandes erros cometem os gerentes quando o poder lhes sobe à cabeça, eles ficam pensando que o poder posicional é eterno e não percebem que estão de passagem. Quando ele acaba e o outro, pessoal, não existe, ficam no fundo do poço.

Esta é uma reflexão do lado de quem possui algum dos dois poderes.

No entanto, podemos refletir sobre os que procuram as pessoas em função do poder que exercem.

Quem procura e faz amizade para conseguir vantagens com aqueles que detêm o poder posicional é flagrado no momento em que eles somem, no exato momento da perda desse poder. Desmascara-se a alma de capacho que sempre se disfarçou de lebre, agora esse mesmo capacho segue para outros lados, buscando outros poderes posicionais para se manter, resguardando por esses meios escusos sua incompetência e, por que não, a imbecilidade humana.

Quem procura e faz amizade para conseguir e trocar experiências com outro amigo sem que ele detenha algum poder posicional permanece amigo em todas as circunstâncias, não importando o degrau em que seu amigo esteja. Este é invejável em sua conduta porque permanece ao lado dos seus no topo da escada ou no sopé da montanha.

Viver é uma arte, é uma dança entre os poderes existentes, é uma travessia de um espaço onde a experiência proporciona o exercício de uma grande qualidade humana: a humildade!

Diretor de escola: uma função ampla e irrestrita

Quando um educador se apresenta como diretor de uma escola, alguns pensam que ele deve restringir suas atenções ao campo didático-pedagógico ou, quando muito, ao administrativo. Esse é o pensamento tecnicista do passado que tudo separa e tudo divide porque não enxerga nada além do caixote em que se trancafiou.

Um diretor integrado a sua escola está, ao mesmo tempo, integrado ao bairro e à cidade. Problemas de saúde e de angústia dos alunos e pais serão, também, suas angústias.

Um diretor de escola sabe que as dores do coração não podem ser deixadas do lado de fora dos muros escolares por parte dos educadores, funcionários e alunos. Então, ele estende sua ação que vai desde a razão e passa pelo coração das pessoas, acolhendo-as em seus momentos felizes e amargos.

Por isso alguns diretores têm o costume de sair de seus gabinetes, andar pela escola, cumprimentar pais e funcionários para poder sentir, no contato vivo, a situação do contexto de cada um. Vale muito mais essa ação que a tarefa difícil de lidar com a contabilidade e com os investimentos. Sem essa atitude humana, marca inconfundível do coração de quem administra, não haverá educação e pessoas que se sujeitem a uma escola engavetada.

No setor público poderíamos dizer que cada diretor tem um perfil conforme o bairro em que a escola estiver inserida. Assim se aplicam, à prática escolar, as noções de texto e contexto, na compreensão mais profunda dos símbolos que as pessoas adotam em suas vidas, resultado da força histórica que os acompanhou numa determinada região.

É por isso que um diretor, conhecendo seu bairro e seus alunos, pode redirecionar os rumos de uma escola até atingir os currículos e demais práticas educativas. Ele sente as pessoas e sente o meio em que elas se inserem.

A visão mais própria de um diretor de escola é a visão de "rede". Ele aprendeu com as aranhas que já constroem há séculos suas "redes" (suas webs), tanto quanto os bandidos de dentro das cadeias de segurança máxima, através de uma "rede" (web), conseguem liderar outros bandidos.

Quando se ouve dizer pelos cantos dos corredores de uma escola que um diretor administra com a razão, pode-se prever que o caos está próximo porque, como afirmava Santo Tomás de Aquino, "a razão é a imperfeição da inteligência".

A ideia de comunidade escolar é uma ideia de rede e quem distribui uma seiva de nutrição pela rede são todos os que nela estão convivendo. Daí o conceito de interação, onde quem dirige, aprende com o dirigido.

Assim se entende o porquê de um bairro, numa cidade qualquer, sentir-se no direito de participar de um processo de escolha de diretor no setor público. Quando o bairro não escolhe ou a comunidade escolar não faz a escolha, ela passa a existir quando os nomeados extrapolam suas funções e sua exoneração é solicitada. O contrário também existe: a comunidade quer a permanência de um diretor que tem o perfil do bairro e atende às necessidades das pessoas.

Assim, mesmo não votando e não escolhendo, por vezes as pessoas fazem sentir sua presença e sua exigência.

Os diretores que constroem o sucesso de seus alunos em parceria nunca serão deles esquecidos, porque são capazes de abraçar a mente e o coração de cada um no decorrer dos cursos que fazem em suas escolas.

Relembrando um dia de conversas com
Antoni Zabala, em Pernambuco.

Fazer teatro é construir uma rede. Teatro não é disciplina escolar, nem surge, dentro da escola, para atrapalhar o mundo acadêmico. O teatro é metadisciplinar e, portanto, permite que várias disciplinas atravessem o palco.

Edgar Morin nos diz: "A complexidade é um problema, é um desafio e não uma resposta".

Assim, fazer teatro é enfrentar um desafio dentro da rede, procurando respostas. As melhores respostas estarão nas ligações entre as redes da razão e do afeto.

Por que o teatro causa medo?

Quando uma pessoa tem medo de alguma coisa, costuma tomar duas atitudes: ou foge, ou enfrenta.

Quando uma escola tem medo de alguma prática educativa, além de fugir e enfrentar, há uma saída estratégica que é proibir. Essa forma de fuga é embalada numa roupagem séria e vem na direção da defesa dos estudos. Com essa justificativa, pais e educadores se alinham, deixando de lado um vasto campo do desenvolvimento humano.

Mas, voltemos ao ponto central: por que o teatro causa medo?

Algumas razões são históricas porque o teatro deixou a arena grega e, na Idade Média, passou a atuar dentro das igrejas. Ocorre que o artista é especialmente criativo e não faltaram momentos de atrito com o clero. O teatro, então, passou para fora da igreja, podendo as representações serem feitas ao seu redor. Mais tarde, com os movimentos de moralização do concílio de Trento, o teatro foi banido de vez das igrejas.

Algumas marcas são importantes porque padre Anchieta, por exemplo, usou do teatro para ensinar religião aos indígenas. Aos poucos, no entanto, essa prática foi deixando de ser apoiada pela escola pombalina, pelas escolas religiosas e pelos governos porque a atividade artística fomentava a liberdade e a maioria dos governos era defensora do absolutismo.

Criou-se, assim, um dos medos: o teatro é contra a ordem constituída e criará problemas. Para evitar os problemas, proíbe-se o teatro. Dentro das escolas isso aconteceu até o final do século XX.

O segundo medo está ligado à questão moral: o texto apresentado seria escrito dentro dos paradigmas defendidos pela escola e pela sociedade? Diante desse medo surgiu a censura. O teatro político, por exemplo, foi censurado por todas as ditaduras. A sociedade burguesa que, mais tarde, vai censurar o teatro, teve nos artistas um grande aliado contra o absolutismo monárquico, o que prova que o teatro questiona e pode derrubar regimes. Tudo isso reforça o medo.

O terceiro é de ordem psicológica: um ator ou atriz, representando um determinado papel, até que ponto pode assumir, para sua vida pessoal, as características do personagem? E, se o teatro for a oportunidade de fazer aflorar uma personalidade não convencional e não oficial, como lidar com esse problema, imaginemos, criado dentro da escola ou de um clube? Mais uma razão, agora de ordem psicológica, para a proibição. Ela está centrada no medo desse imprevisível psicológico.

Os medos são reais, e os perigos existem. Se fôssemos pensar em perigos, não deveríamos deixar um ser humano nascer. Se os perigos existem, a fuga não os resolverá, somente o enfrentamento com inteligência será a solução.

Então, onde está o segredo de como trabalhar?

Primeiro, na escolha do diretor de teatro. Se uma escola ou clube defende determinados valores, o diretor do teatro precisa estar afinado com esses mesmos valores, sobretudo porque os que pertencem a esses grupos, dentro das escolas, podem ser ainda crianças ou adolescentes. Segundo, essa prática, como muitas outras dentro de uma escola, necessitará de algum acompanhamento psicológico. Algumas pessoas, pela situação criada, podem passar a conviver com um problema novo, não por culpa do teatro, mas porque o teatro permitiu que algo novo aflorasse, necessitando de acompanhamento para que haja convivência sadia com as novas reações humanas.

Portanto, não será fugindo que o problema desaparecerá. Ele ficará encubado, como vulcão, até sua explosão, aí sim, danosa! O teatro, no fundo, é uma ótima oportunidade para conhecermos as pessoas.

Relembrando o TACA (Teatro Amador do Colégio Anchieta), Nova Friburgo-RJ, tantas vezes fechado e tantas vezes reaberto!

Teatro e behaviorismo

O princípio básico da psicologia comportamental é que o meio faz a pessoa. Ninguém, em sã consciência, afirmaria que o meio não tem força sobre a formação das pessoas. Por isso, quando se fala de clonagem, imaginam o que aconteceria com o clone de Einstein se ele nascesse, agora, em outro século e num outro continente. Ele, certamente, reuniria toda a herança genética de Einstein e sofreria a ação do meio.

A questão do teatro e do behaviorismo chama a atenção das culturas que aceitam a supremacia do meio sobre a herança genética e, mais: sobre a força da consciência e a dos valores com as quais as pessoas interagiram.

Conceitos muito comuns de nosso povo dão conta de um comportamento treinado e, pior, aceito por muitos que se dizem portadores de uma herança educacional marcada de criticidade.

Na realidade, quando declinamos certos conceitos, estamos dando uma prova cabal de uma consciência ingênua e não crítica. Vejamos: *o hábito faz o monge*. Quem assim pensa coloca de lado todo o trabalho de meditação do monge e suas reflexões sobre a vida que abraçou. Toda a vocação do monge está em seu hábito ou em seu condicionamento. Leia-se: local, roupa, pessoas, ambiente etc. Mudando-se uma coisa, muda-se a outra. Conclusão: com o abandono do hábito por muitos monges, certamente poucos sobrarão dentro dos conventos. Aqui está inserido um conceito de treinamento por repetição, exatamente como nós fazemos com os gatos, os cachorros e os elefantes. Não se considera a pessoa com suas convicções, seus valores e seu espírito crítico e de discernimento.

Dize-me com quem andas e te direi quem és. Também se trata da negação da possibilidade de uma pessoa fazer escolhas. Esse tipo de pensamento e comportamento humano é muito antigo. Vem de 2.500 anos antes de Cristo, com base no filósofo Mani, o inspirador do maniqueísmo. Trata-se de uma visão bipolar.

Mesmo que haja uma pregação de que, na bipolaridade entre o bem e o mal, o bem vença, a prática, ou melhor, a pedagogia entende de modo contrário: se andarmos com alguém que pertença ao mal, seremos, irremediavelmente, maus.

Aí se encontra uma das bases do fundamentalismo: quem não está de um lado, só pode estar do outro. Ainda, pior: o mal é mais atraente que o bem. Então, desse modo, cria-se um ambiente profundamente pessimista em relação às pessoas e à vida.

Agora, imaginemos, o teatro representando um meio que, para alguns, pode ser perigoso, evidentemente, deve ser evitado.

O behaviorista encara o teatro como um ambiente que incita à liberdade e à criatividade que, por sua vez, podem ser encaradas como caminhos não oficiais de conduta.

Acaba, assim, o behaviorista, entendendo o teatro dentro de uma concepção fundamentalista. Daí a censura e as proibições.

Deus criou o ser humano, em minha concepção, como um ser livre e, algumas coisas o ser humano é capaz de desenvolver por si: a solidariedade, a escravidão, a compaixão, o respeito, o amor e a alteridade.

O behaviorista tem muita dificuldade de tratar a ética porque estará buscando um meio de treinar o ético. Ele se esquece que a adesão a comportamentos éticos é livre.

Se o teatro na escola favorece o lidar com criatividade e liberdade, certamente estará facilitando a criticidade e as escolhas, inclusive no caminho da alteridade que desemboca na ética.

O teatro na preparação do futuro profissional

A mente adolescente fica confusa quando ouve falar que as profissões sofrerão transformações profundas nos próximos DEZ anos. Prevê-se uma transformação em OITENTA por cento das profissões.

Cada vez torna-se mais difícil encaminhar uma pessoa em direção ao futuro. Não se trata, apenas, de saber para passar no vestibular e para passar de ano. É necessário saber sobreviver dentro das transformações que a universidade atravessa e dentro da profissão que foi abraçada.

A pergunta que se impõe é clara e simples: o que é importante desenvolver durante a adolescência e juventude, tendo em vista o futuro?

A resposta parece complexa, no entanto, existem práticas escolares que podem torná-la bastante simples.

O futuro exigirá comunicação aprimorada, manejo da voz

e do corpo, criatividade, desejo de aprender constantemente, capacidade de adaptação a situações diferentes e até adversas, convivência com talentos diferentes, convivência com mudanças de caráter afetivo, capacidade de discernir diante dos vários papéis que a vida nos oferecerá, relacionar-se com os demais, saber pensar e saber sentir.

Trata-se de muita coisa para ser assimilada. Mas, se a educação só se concentrar na informação, deixando a interatividade para depois, estará perdendo uma oportunidade única de preparar para o futuro.

É nesse campo que entra em cena o teatro, porque desenvolve todos os valores citados anteriormente, além de um caráter marcadamente interdisciplinar por lidar com a história, a arte, as ciências e a vida social. Pode, ainda, envolver-se com a ética e a defesa de valores inerentes à sobrevivência da humanidade.

O futuro não estará garantido com os conteúdos estudados na escola e para a escola. Estarão seguros, em relação ao imprevisível, aqueles que desenvolverem a capacidade de manejar as incertezas. O teatro faz isso constantemente.

O desenvolvimento, dentro das escolas, da arte, da música, do canto, das bandas, do estilo ao se vestir e da assimilação da estética de época está perfeitamente associado ao trabalho teatral e, portanto, dentro de uma concepção que aceita a formação da pessoa como algo mais importante que a assimilação de conteúdos. A formação prepara a pessoa para assimilar conteúdos novos em qualquer época e, não, num determinado momento pontual de suas vidas.

Assim, tome-se como mentalidade retrógrada e superada aquela que considera o teatro na escola como alguma coisa que atrapalha os estudos, permite a distração e dispersão, não ajuda na aprovação para a universidade e cria comportamentos de expressão que podem não se ajustar ao desejado oficialmente.

Os alunos e alunas precisam ter parâmetros éticos de comportamento que os oriente nas escolhas que deverão fazer no futuro. Para tanto, o teatro é de grande ajuda e os motivará, ainda mais, através de uma vida complementada com valores ligados às estratégias humanas, tendo em vista a realização pessoal.

Educar é sentir as pessoas

Há um ditado popular que diz: se você tiver 3.000 km de ferrovia, faltando 3 m de trilho, o trem não passa. Vale dizer: não adianta religar os saberes se os sistemas de avaliação continuam com nome diferente e fazendo a mesma coisa, ou seja: exame. Todo o conjunto precisa seguir na mesma direção.

Imaginemos um educador que trate muito bem e de modo humanitário seus alunos fora da sala de aula e, quando entra no recinto escolar e inicia a docência, torna-se uma pessoa fechada que faz questão, em nome de uma suposta justiça, de tratar a todos igualmente, com a característica de que esse "igualmente" é seco e destituído de afeto.

O que está sendo perdido é o afeto e o saber pela falta de ligações.

O maior saber deve corresponder ao maior afeto e sensibilidade diante do mundo e de suas angústias.

As competências e a religação dos saberes e a avaliação escolar

O mundo acadêmico brasileiro discute, hoje, duas ideias importantes em relação à educação: as competências que os educadores devem dominar e a religação dos saberes que devem buscar. Quanto às competências, o pedagogo suíço, Philippe Perrenoud, desenvolveu em seu livro: *Novas competências para ensinar*, pelo menos 10, que seriam indispensáveis a qualquer educador. *Religação dos saberes* é um livro de Edgar Morin que, com habilidade filosófica e sociológica, mostra a necessidade de se praticar o interacionismo como estratégia para se ensinar, aprender e desenvolver a cultura humana.

Diante dessas posições, o mundo acadêmico está dividido, onde uma corrente à esquerda posiciona-se contra Perrenoud e outra parte dessa mesma corrente defende Edgar Morin.

Com isso tem-se a impressão de que forças à direita estariam bafejando as competências do educador suíço e, de certo modo, as críticas a ele apresentadas estariam ligadas à questão de uma educação voltada para a formação de uma pessoa capaz de atender às exigências do mercado, agora incentivado pelo dinheiro do Banco Mundial e do FMI. Dificilmente essas agências econômicas internacionais fariam investimentos em países onde não houvesse perspectiva de retorno. Ora, o retorno só se torna possível se as pessoas conseguem uma formação compatível com as competências que o mundo moderno exige. Transformar o educando brasileiro ou latino num trabalhador competente seria uma das missões das leis de ensino e, é verdade, nos países latinos emergentes, a legislação fala, constantemente, em competências e habilidades.

Minha preocupação com esse tipo de abordagem está no fato de que somente sairemos do marasmo econômico e social que nos envolve, com um choque de mais educação. E será inevitável que a empregabilidade esteja, cada vez mais, ligada à diversificação das competências.

Antes, porém, de expressar a opinião sobre a questão até aqui apresentada, vamos pensar na religação dos saberes.

Edgar Morin é um homem preocupado com as interações. Vê, com clareza, que um dos tipos de estratégia superada na educação é o desenvolvimento de compartimentos estanques, dando ao educando uma visão segmentada do mundo. Ora, se Morin vê essa segmentação como um empecilho ao bom desenvolvimento de uma nação, certamente depreende-se que uma das competências que o mundo atual requer é a capacidade de compreendê-lo a partir de uma visão sistêmica. Portanto, também para se atender às propostas de Edgar Morin serão necessárias várias competências.

Não vejo, portanto, razão específica para se alijar um ou outro do cenário porque as propostas não são excludentes. O importante, dentro desse debate, é a definição de competência. Se formos seguir o que Scott Perry apresenta: "competência é um conjunto de conhecimentos, habilidades e atitudes".

Há poucos anos a competência era medida pelo conhecimento. Um professor que conhecesse bem a matéria que lecionava sentia-se no direito de tratar seus alunos de qualquer maneira, dado que conhecia bem o que ensinava. Poderíamos ter um pseudoeducador formando monstrinhos.

Uma competência atual deve permitir as três etapas apresentadas que, por sua vez, não são estanques. São interligadas. E, no que se refere à atitude, aí está residindo o aspecto afetivo da competência. Assim chegamos ao âmago da questão. Quando se fala em competência humana, não cabe uma visão tecnicista. Há que se desenvolver a afetividade, sem o que não haverá humanidade.

Como conclusão, parece-me mais importante discutir a interligação das partes dentro do conceito de competência e, depois, verificar nas diferentes propostas qual a mais adequada ao crescimento humano na atualidade.

A religação dos saberes vem de encontro a alguns fatos científicos que indicam os avanços não dentro de uma determinada disciplina ou corpo de saberes, mas, justamente, nas fronteiras entre um e outro saber. A engenharia genética que o diga.

Nossas dúvidas e resistências encontram-se arraigadas a competências do passado que perduram além do tempo e refletem os valores do instrucionismo. Colocamos nossos alunos para consumir os conteúdos. Eles os consomem com tanta rapidez que não têm tempo para digeri-los, mais parecendo aves de granja que, em quarenta e dois dias de claridade estão prontas para o abate. E, como as aves de granja têm uma carne pouco saborosa, nossos alunos refletem-se sem brilho no cenário da sobrevivência.

A primeira competência abordada por Perrenoud está expressa na capacidade de *administrar a progressão das aprendizagens* e isso implica numa série de desdobramentos que o aproximam, na minha visão, de Edgar Morin.

O mestre de hoje precisa ser competente para administrar uma situação-problema. O que isso significa? Primeiro que a relação entre ordem e determinismo está quebrada. Não se pode conceber um professor que, pela força de sua licenciatura, tenha respostas prontas para todos os problemas. Poderíamos acrescentar que nossa visão, mesmo na sala de entrada do século XXI, ainda é, marcadamente, vertical. Tanto Morin quanto Perrenoud defendem uma visão longitudinal. Essa competência, evidentemente, dependerá da capacidade de religar saberes. A concepção vertical não permite estabelecer laços com várias teorias, firma os laços com os conteúdos verticais dentro de um mesmo saber. Assim, a visão vertical está ligada à seriação e a visão longitudinal, aos ciclos. A visão vertical está para os modelos quantitativos, enquanto a visão horizontal atinge os modelos qualitativos e formativos. Para que tal fato ocorra não será o ser humano que estará a serviço da lógica, mas esta a serviço do ser humano.

Morin, encerrando a exposição das "jornadas temáticas", reporta-se à questão do jogo entre a *ordem, a desordem e a reorganização, e chama esse jogo de "dialógico"*, dado que, essas noções ao mesmo tempo antagônicas são complementares para que se possa compreender o universo.

Para que um professor consiga apresentar-se como competente, tomando decisões de progressão e caminhando na direção de ciclos como propõe Perrenoud, ele precisa compreender os complementos entre a ordem, a desordem e a organização. Nesse ponto, os dois se encontram e ambos demonstram ter uma visão de mundo muito semelhante.

Tomar partido e defender, de modo fundamentalista, um e outro, seria a negação de ambos, que esperam, nos debates e estudos do mundo acadêmico, ser analisados e sintetizados em função de um discernimento que leve em conta o contexto dos mundos que os estudam.

> Ao final do Congresso de Educação de Paranaguá-PR – CEITEC.
> Jantávamos: Dr. Nelson Salles, sua esposa, Melinda e Teresa Pena Firme.

Religação dos saberes e avaliação I

A visão de Edgar Morin é voltada para a interação e para a formação de redes de aprendizado e de informação. Não se pode, portanto, conceber um sistema de avaliação, seja no sistema escolar, seja nas indústrias com características compartimentadas. A indústria sabe quanto perde durante seu sistema produtivo, se deixar para avaliar no final do processo. Se, ao final, alguns defeitos forem detectados, muito se perdeu de mão de obra, energia e, possivelmente, de matéria-prima.

Na educação pode haver a impressão de que não há perdas. No sistema público não se chega a perceber quem está pagando e no sistema particular e fundacional calcula-se que o provedor continuará ofertando os mesmos recursos, sem perceber as perdas que acumula.

Se ingressarmos numa sala de cirurgia, perceberemos que os saberes estão interligados entre cirurgião, anestesista, instrumentadores e demais profissionais que monitoram sistemas interligados ao evento. A avaliação do paciente é contínua.

Dentro dessa concepção a avaliação do rendimento escolar muda o paradigma. Pelo menos deveria mudar, se a escola e seus mestres estiverem preocupados com os avanços da ciência. Mas, o que, efetivamente, muda?

O *evento dá lugar ao processo*. Esse é o primeiro passo. A avaliação não ocorrerá somente nos momentos marcados para se avaliar, mas será um processo contínuo de quem está ensinando e aprendendo. Deixar para depois poderá significar perda irreparável no processo de aprender. Diante disso pode-se verificar as escolas que atuam dentro de um processo novo ou arcaico: se as avaliações ocorrem somente nos dias determinados pelo calendário e, fora dele, o professor nada avalia, ela poderá ser compreendida entre as instituições que pensam como a indústria automobilística do início do século XIX. Caso contrário, se as avaliações ocorrem em processo, ela estará atualizada e respondendo aos anseios da evolução da ciência e modo de pensar da atualidade.

Um segundo tópico importante é a questão do *medo e da coragem*.

Sem falarmos dos que "metem medo nos alunos" e usam as provas como mecanismo de intimidação, o próprio sistema escolar, à medida que dá ênfase aos calendários de avaliação, cria um clima artificial não sintonizado aos momentos de ensinar e aprender. Isso será tanto mais prejudicial quanto maior for o medo decorrente dessa estrutura. Mas, dirão alguns que o medo faz parte da vida e da realidade. Tal postura corresponde a um grande equívoco. Quem tem medo está muito mais propenso a perder que a vencer. O mais importante é despertar nos alunos e alunas o sentido da coragem para enfrentar dificuldades. Eles não devem temer avaliações, mas, sim, desenvolver a coragem e a segurança para ultrapassá-las.

O corajoso estará mais preparado para a vida que o medroso.

À medida que a religação dos saberes reinventa a avaliação através de um processo interligado e sintonizado, ela insiste no processo e na coragem e, aí está, sem dúvida, uma importante mudança de paradigma, em se tratando da avaliação.

Um terceiro tópico é a mudança dos *boletins de notas por registros e anotações*. Os alunos têm o direito de ter a preservação do sigilo em seus resultados. A publicação de boletins, permitindo que uns identifiquem os resultados dos outros, fere esse direito à privacidade. As anotações para controle dos professores, coordenadores e conselhos escolares são necessárias e suficientes. A eliminação das publicações que permitem identificação é que representa uma mudança paradigmática que deveria ser buscada por todas as instituições.

Concluíamos o encontro de educadores adventistas no Pará, Colégio Grão Pará.
Estava no Hotel Sagres – Belém.

Religação dos saberes
e avaliação II

Uma outra questão que se impõe em relação à mudança dos procedimentos em avaliação é a substituição do "secreto" pelo "transparente".

Algumas discussões em ambientes acadêmicos dão conta de alunos inseguros porque o sistema de avaliação em algumas disciplinas é desconhecido. As respostas nesse campo, como costumam alguns apresentar, são muito vagas e poderiam ser retratadas por uma série de expressões, como as que se seguem: *"em minhas provas cai toda a matéria; tudo é objeto de avaliação; minhas provas possuem questões e, dentro delas, está o conteúdo que lecionei".*

Os acadêmicos continuam na mesma situação anterior porque quase nada foi acrescentado a sua dúvida fundamental: como as avaliações serão feitas, que instrumentos serão usados, quais trabalhos serão apresentados e como serão considerados ou que tempo será ocupado com a avaliação? O sistema abrangerá, também, uma avaliação em processo que envolva a participação em aulas, debates e seminários que ocorrem no decorrer do curso?

A insegurança é geradora desse "secreto" que alguns abraçam como meio de defesa. Esse processo é gerador de insegurança e reproduz o medo. A transparência proporciona, exatamente, o contrário: gera segurança e coragem que são duas características que as comunidades humanas precisam ter para enfrentar as incertezas de nosso tempo.

Hoje, saber como uma pessoa será avaliada é um direito. Na legislação brasileira isso está contido na Lei do menor e do adolescente. É um direito do menor e de seus responsáveis.

Os sistemas de avaliação fazem parte do saber do professor e da escola, precisando estar ligados aos alunos para que, conhecendo os caminhos que a outra parte usará, possam reconhecê-las em todas as fases.

Só se compreende essa atitude dentro de uma visão em que escola, professores e alunos estão interagindo constantemente e, portanto, com seus saberes interligados.

Havendo interação estarão derrubadas outras características necessárias à transformação da avaliação, a saber: *imposição, autoritarismo e arbítrio*.

Se nós estamos formando pessoas para uma sociedade democrática e formando cidadãos para que respeitem o outro, no ambiente escolar, tanto os alunos devem respeitar seus educadores, como merecem, da parte deles, o mesmo respeito.

O conceito fundamental está ligado à rede de conhecimentos e relações e, não, à linearidade de ações. Não à verticalidade dos procedimentos, mas, sobretudo, à sua horizontalidade.

Por fim, devemos enfrentar a dicotomia entre classificação e promoção.

O sistema competitivo leva uma série de males para dentro da sala de aula. Um deles é o de classificar as pessoas do primeiro lugar ao último lugar. Esses procedimentos permitem, com facilidade, as seleções e as exclusões.

De princípio, uma escola não existe para excluir, nem para selecionar; ela existe para promover. Isso não tem relação alguma com o fato de se promover uma pessoa sem que ela saiba. Essa é outra questão que envolve a eliminação do entulho acadêmico e a falta de competência em ser capaz de ensinar a quem tem dificuldade de aprender. *Em Sete saberes...* Edgar Morin insiste que os professores desses tempos de transformação e imprevisibilidade devem preparar-se para lidar com turmas que tenham reais dificuldades de aprender. Qual a razão? Excluir nada resolve e, depois de se aplicar inúmeros meios que recuperem os alunos, promovê-los. Trata-se, portanto, de outro paradigma, de uma nova visão e de uma nova postura frente à educação.

Dentro de uma empresa ou dentro de uma sala de aula, como estudante, você está numa rede. Olhe sua sala como uma grande rede de conexões, onde as pessoas reúnem potenciais diferentes, ampliam seus relacionamentos e vão crescendo. O poder da rede é muito maior que o poder de cada um, isoladamente.

O crescimento das informações e as novidades para o conhecimento são tão grandes que uma só pessoa não pode mais dar conta de tudo. Para sermos mais fortes e mais competentes, além de servirmos melhor aos demais na sociedade, precisamos estender braços, corações e mentes e nos aliarmos aos outros.

Cada um, por conta própria, provoca uma pequena mudança. Juntos poderão provocar grandes transformações. Sentindo as forças do coração ligadas entre nós, desenvolveremos uma educação transformadora.

Entre o determinismo e a complexidade

A educação está intimamente ligada aos elementos desse título. Uma escola determinista é uma escola de certezas. A certeza é o resultado do que foi traçado e reflexo da indução ou da dedução, indicando, através de uma lógica clássica ou de uma física clássica, os caminhos seguros, os conteúdos imprescindíveis e os passos na direção dos objetivos permanentes dos sistemas sociais.

A máquina determinista há de ser, sempre, mecanicista, e a concepção de mundo que está no bojo desse pensamento é o estabelecimento de um sistema linear, caminhando numa direção. Tal comportamento ditou, nas escolas e na educação, a gradação e o desenvolvimento dos conteúdos, caminhando ao lado desta, um sistema de avaliação voltado para a separação e para a redução.

O determinismo que se espalhou por vários campos do saber humano estribou-se no racionalismo de Descartes, no positivismo de Augusto Comte e na física clássica, newtoniana.

O maior reforço surgiu diante dos avanços da indústria de transformação, sobretudo depois da segunda grande revolução industrial do aço e do petróleo.

O erro em que a educação caiu foi, exatamente, continuar presa, umbilicalmente, aos ditames da física clássica, desconhecendo os "transtornos" que a termodinâmica veio trazer para o mundo da ciência, na qual tudo parecia determinado sobretudo pela ordem.

O lema "Ordem e Progresso" reflete uma era de máquinas, um determinismo anterior aos conceitos termodinâmicos e não serve mais, a não ser como parte de uma concepção de pátria, porque, se tal lema é determinista e mecanicista, carece de humanidade, coisa própria de uma sociedade do conhecimento e, portanto, complexa. Nossa bandeira deveria ter uma complementação humanista: "Amor e Solidariedade".

O "meme" transmissor, em nossa cultura republicana, inoculou nas mentes dos dirigentes, inclusive da educação, princípios deterministas e não complexos. Vale dizer: enquanto a evolução da tecnologia, inclusive dos computadores, caminhou para a complexidade de *webs* e *links*, a educação, graças a uma memética superada, continuou linear, segmentada e reducionista.

Seria uma falta de reflexão ou uma simples cópia de modelos? Nós, brasileiros, possuímos ideias ou as ideias é que nos possuem?

Edgar Morin, em *Religação dos saberes*, muito bem expressa a questão: *"Dominique Lecourt lembra-nos o peso, sobre nossas culturas, daquilo que Paul Veléry chamava de funesto presente da ciência positiva que a Europa legou ao mundo"*.

Nós carregamos esse peso, apesar de ultrapassado, e repetimos, com décadas de defasagem, os "memes" europeus de um positivismo que não tem resposta para um mundo complexo.

Conhecemos a genética e os "genes". São cargas hereditárias que se transmitem de pai para filho. Mas não só de genética vivemos. Somos seres gregários e transmitimos cultura entre nós. O "meme" é o transmissor da cultura e, memética, seu estudo; do mesmo modo, "gene" é o transmissor da hereditariedade e a genética seu estudo.

O primeiro a codificar o estudo dos "memes" foi um biólogo inglês Sir Richard Dawkins. A partir daí começou o estudo da memética.

Se, por um lado, seria um grande atraso pensar no ser humano puramente genético, estagnar no campo memético sem evoluir para a transmemética constituiria outro atraso.

O ser genético é uma espécie de *"homo tubularis": acorda, come, bebe, ejacula, defeca e dorme*. Dizer-se "homo sapiens" nessas circunstâncias é muito pouco. Seria uma perfeita determinação de coisas a serem cumpridas e sem a intervenção cultural que nos é própria.

Se, por outro lado, assimilamos uma cultura e não a questionamos, diante da complexidade de um outro mundo e de uma outra cultura, certamente somos possuídos por pensamentos. Hoje seríamos a reprodução das ideias dos e-mails que recebemos.

A transmemética permite a intervenção, a aceitação, a rejeição e a troca nessa convivência com "memes". Mesmo que essas intervenções sejam desestruturadoras, elas são necessárias para que possamos nos assumir como um verdadeiro "homo sapiens-sapiens".

O que ocorreu com a educação, no Brasil, ao longo de todo o século XX é que ela repetiu uma cultura obsoleta em outros continentes. Daí permanecermos atrasados, termos, em nossos quadros, professores leigos e, outros, que se não acordarem em tempo, serão leigos em 2007. Daí, também, o sono profundo de muitos governos e universidades que não querem ver os valores da sociedade do conhecimento por considerarem a máquina científica tão perfeita que, não importando quem nela mexa (pode ser um deus ou um diabo), a perfeição da máquina determinará o fluxo a caminho dos objetivos fundamentais de que a espécie humana necessita.

Ingressando numa escola, hoje, com características deterministas, encontraremos uma escola das certezas, conteudista, capaz de excluir, dando ênfase às semanas de prova e a nota terá um pedestal de importância. O aluno que dali sair será um produto da nota, não da evolução do ser humano compreendendo a ciência, enquanto aprende a pensar e compreendendo a vida, enquanto aprende a sentir.

Os fatos dolorosos de universitários que planejam ou mesmo matam seus entes queridos são o resultado da escola que priorizou a métrica dos versos elisabetanos em detrimento da assimilação de mais humanidade.

De modo algum uma escola progressista deverá descuidar da formação de seus alunos. Eles devem saber e saber muito bem por que os problemas da humanidade são complexos e exigem saberes mais aprimorados. A diferença é que precisam ter um saber complexo, difícil de ser atingido com a linearidade, com a "examinação" constante e com a segmentação das disciplinas escolares.

Podemos, perfeitamente, verificar uma escola de propósitos cristãos com uma ferramenta agnóstica. Seus conteúdos não levam à complexidade e nem levam à visão da unidade. Assim, quando se projetam esses alunos no campo social, são individualistas e não conseguem ver seus semelhantes necessitados. Portanto, mesmo sendo produtos de uma escola cristã, podem ser destituídos de humanidade e, também, de cristianidade. Para os que estão lendo e não têm fé alguma diria: esses alunos não conseguem conviver e interagir com o outro; não entendem o que é alteridade e, portanto, terão muitas dificuldades de exercer a cidadania.

Na caminhada em direção ao exacerbamento da segmentação, poderíamos ter um currículo de ensino médio com umas 45 disciplinas.

A esse caos podemos chegar. Contra ele e como antídoto só há uma possibilidade: o desenvolvimento do pensamento complexo, sistêmico e, portanto, dentro de um conceito transdisciplinar. Antoni Zabala, em seu livro *Enfoque globalizador e pensamento complexo*, assim explicita: "*a transdisciplinaridade é o grau máximo de relações entre disciplinas, de modo que chega a ser uma integração global dentro de um sistema totalizador. Esse sistema facilita uma unidade interpretativa, com o objetivo de constituir uma ciência que explique a realidade sem fragmentações*".

Ainda, o mesmo autor, enfoca a metadisciplinaridade como a representação de grandes *eixos ou temas transversais*.

Depois da física quântica, da descoberta dos "buracos negros" e das experiências que redundaram na Lei da Precessão de Illia Pregogine, o pensamento complexo reflete essa variedade e imprevisibilidade dos acontecimentos e, portanto, um determinismo que imagine uma perfeita máquina linear conduzindo o mundo, segmentando sujeito e objeto, tempo e espaço está impregnado de racionalismo e de positivismo.

O mundo da complexidade representa a ruptura com um passado longínquo que, no entanto, ainda está presente nas escolas e universidades.

O interacionismo de Immanuel Kant, inspirador das pesquisas e questionamentos de Jean Piaget, assim como a dialética de Hegel que orienta os postulados de Lev S. Vigotzky não sendo levados em conta pelo racionalismo e pelo positivismo, encontram uma grande barreira para facilitar uma nova visão de homem, de mulher e de mundo.

O Brasil é um país de curiosidades incríveis, e as posturas de governantes e governados podem, no decorrer da história, fazer permanecer o atraso na mudança dos "memes" e, portanto, de uma nova visão do mundo. Assim como as disciplinas não conseguem ser consideradas dentro de um enfoque transdisciplinar, a cultura não consegue ser transmemética.

O perigo mora na cultura ou na interpretação desvirtuada por algum sectarismo fundamentalista.

O fundamentalismo de passado recente que rejeitou as versões piagetianas porque estas não interessavam ao modelo mecanicista de cidadão que se pretendia formar e porque não estavam de acordo com os objetivos permanentes ditados pelo Estado Brasileiro rechaçou uma visão sistêmica, protelando reformas de profundidade. O fundamentalismo do presente que vê a presença de neoliberalismo em tudo o que é visão global pode estar atrasando, novamente, a caminhada para a superação de valores positivistas e racionalistas do passado por um erro de enfoque. Numa visão mais simplista, diríamos: no Brasil, esquerda e direita, quanto mais andam nos extremos de seus espaços, prejudicam o país.

Interagir com a complexidade e trabalhar variáveis intervenientes aos processos do ensinar e aprender são partes íntimas de um processo renovador. De tal modo essas coisas estão imbricadas que não se pode mais falar em ensino sem que haja aprendizado, como não se pode separar sujeito do objeto. Depois de cada leitura, de cada aula e de cada conferência, não somos os mesmos porque, do choque de "memes", pode surgir a transmemética e, a partir daí, mudamos radicalmente.

Os posicionamentos dos que, dentro das academias, questionam a validade do pensamento complexo que, na estruturação das disciplinas escolares, sugere a interdisciplinaridade como caminho, dão conta da possibilidade de uma não adaptação a nossa realidade ou então, conforme preferem alguns, seriam estratégias arrojadas demais. Pena que essas pessoas não tenham percebido que tais assuntos eram objeto de debates numa Sorbonne de 1968 à época da "primavera de Paris". Esses textos chegaram ao Brasil por volta de 1974. Em 1987, quando publiquei o *"Ensinamos demais, aprendemos de menos"*, pela Editora Vozes, dediquei dois capítulos à questão. Foi necessário um longo tempo de espera até que a Lei 9394/96 viesse falar em interdisciplinaridade, temas transversais e pensamento complexo. Esse é um tempo que denota nosso atraso. Mas, na realidade, ele ainda é muito maior e, para compreendê-lo, devemos reportar-nos à segunda guerra mundial.

Os aliados vinham perdendo espaços substanciais nas batalhas, sobretudo marítimas, por não conseguirem atingir os submarinos alemães com os artefatos explosivos lançados pelos aviões. Os submarinos conseguiam submergir rapidamente e mais depressa que a chegada das bombas. Para solucionar esse problema e conseguir um explosivo mais eficiente, foram criadas as equipes de *pesquisa operacional.*

Foram essas equipes que solucionaram os problemas e, por incrível que pareça, a estratégia usada foi a do modelo sistêmico e do pensamento complexo. Pela primeira vez, pessoas com as mais diversas funções, acostumadas a trabalhar de modo segmentado, estavam em torno da mesma mesa discutindo um problema comum a todos eles.

A guerra terminou, os aliados venceram e essas equipes foram ter ocupação nas mais diversas indústrias. A pesquisa operacional foi o embrião do modelo sistêmico, do desenvolvimento do pensamento complexo, ajudou no projeto Gemini que levou o homem à Lua e desembocou no sistema de redes dos computadores. Essa complexidade será, em pouco tempo, a "mola propulsora" de Bill Gates sobretudo no sistema Windows e Explorer. Tão forte a rede que o mesmo Bill Gates atravessa problemas com a justiça americana.

Como se vê, o problema não é de hoje. E ao mesmo tempo se percebe quão distantes da realidade do desenvolvimento estão os países que permanecem com pensamento linear, com um ensino segmentado e reducionista.

Não se chega a um pensamento estratégico, não se consegue perceber o valor de orçamentos participativos, nem muito menos assimilar a ampla participação democrática, sem o entendimento da complexidade.

O momento exige de todos nós, envolvidos nas academias, enquanto escritores e conferencistas, uma ação mais contundente na promoção da compreensão da complexidade que envolve o mundo, sem o que tornar-se-á muito difícil preparar um ser humano capaz de pensar e sentir, sem dicotomizar essas funções, embrenhando-se nos problemas do mundo atual.

Urge, portanto, abandonar o determinismo que já teve seu tempo e abraçar a complexidade como forma de maior compreensão do homem e do mundo.

> Em Recife, outubro de 2003, dia 9, no congresso
> com Edgar Morin, em companhia
> de Jorge Arruda e Edgar Morin.

Segmentação
– segregação – exclusão

Há uma concepção ingênua em educação, por sua vez bastante segmentada, que procura trabalhar as práticas pedagógicas como se fosse possível separá-las da filosofia da educação ou de sua inspiração teológica. Para esses, a segmentação em nada atrapalha a formação da pessoa e sua consequente visão do mundo. Na prática, esses alunos, formados por esse tipo de escola, bebem um conteúdo oculto para continuar a fazer uma leitura do mundo de modo segmentado, machista e segregacionista.

Quando as Nações Unidas, em 1960, votaram a lei contra a segregação estavam abrindo a possibilidade de se quebrar, sobretudo na América colonizada, o machismo e a exclusão.

O Brasil, em 1968, através de seu Legislativo Federal, votou a mesma lei para vigorar dentro do Brasil. Foi por isso que as escolas ainda não mistas introduziram a coeducação em seus sistemas. Dúvidas inúmeras pairavam: algumas sobre a queda do nível dessas escolas, porque pensavam que a inteligência das mulheres era inferior à dos homens; outras, sobre a questão das possíveis relações, até sexuais, já que sexos diferentes estavam ali convivendo.

A opção mais equilibrada dessas escolas foi uma adequação, gradativa, da implantação de uma escola mista. Naquela época, início da década de setenta, ainda se discutia o tamanho do cabelo dos alunos, o tamanho das saias, o uso ou não de calça comprida, inclusive nas escolas de ensino superior, o adorno e a pintura das meninas.

Por essas e outras, pode-se encontrar, ainda hoje, alguma escola que não tenha cumprido a lei votada em 1968 pelo Legislativo Federal. Geralmente elas se baseiam no produto final: "nossos alunos saem sabendo e ingressam nas universidades de melhor nome do país". O fim acaba de justificar os meios, na melhor prática de Nicolau Maquiavel.

Se, de um lado, segmentam, de outro, segregam e excluem de seus quadros uma parte do gênero humano.

Mais tarde desejarão saber como esses alunos, transformados em empresários, considerarão as mulheres em suas empresas, educarão suas filhas em relação aos filhos e entenderão suas esposas como copartícipes da organização do lar, conforme a nova legislação brasileira.

Educar é sentir as pessoas

A educação é uma prática que envolve conteúdos ocultos e manifestos. É necessário que se atente também para os conteúdos ocultos que distorcem a personalidade das pessoas.

Hoje, no Brasil, as forças armadas, os colégios militares, o escotismo e a maioria absoluta das escolas usa o sistema de coeducação. Não estão apenas cumprindo uma lei, estão formando pessoas para que leiam o mundo de modo mais coerente, sem segregar pessoas e sem excluí-las.

Há um processo que age em conjunto, iniciando-se com a segmentação de uma disciplina, passando para uma visão dicotomizada do mundo que nos cerca, até desaguar na segregação e na exclusão.

Por isso é importante refletir e discernir a respeito das práticas pedagógicas porque elas podem formar uma pessoa que deveria voltar no tempo e voltar muito, para poder encontrar seu nicho na sociedade.

Após palestra para os acadêmicos do
"Normal Superior" da Universidade Candido
Mendes – Nova Friburgo-RJ.

O mundo cristão e o agnosticismo positivista

Em geral, os compêndios de história retratam o mundo ocidental como uma civilização judaico-cristã. As escolas que se desenvolveram nessa região pagaram pesados tributos à união entre a Igreja e o Estado a partir do século XVI, e suas práticas pedagógicas, na maioria das vezes, beneficiavam a estrutura vigente do Estado centralizador.

Com o decorrer dos anos e a separação da Igreja do Estado, sobretudo no Brasil, houve uma liberdade maior das escolas, sobretudo depois que cada uma delas não precisou mais se submeter aos exames do governo para ter os diplomas dos alunos convalidados. É fácil entender: imaginemos que o exame nacional do ensino médio, hoje, fosse condição para a convalidação de todos os diplomas das escolas particulares no Brasil. Não se trata de imaginação, simplesmente, porque já foi assim. O início do século XX trazia consigo essa exigência.

Como naquela época o sinônimo de escola particular era "escola confessional", todas deveriam adequar-se às leis do governo e rezar na cartilha pedagógica que lhes conferiria o título de "boas escolas", mesmo que as práticas fossem mais adequadas à mentalidade positivista.

Tal mentalidade envolvia a segmentação das disciplinas, a multidisciplinaridade e as exigências científicas. Imaginação e criatividade não eram consideradas científicas pelos positivistas e, assim, eram banidas das escolas.

Foi, por exemplo, o pacto entre os positivistas do governo e os produtores paulistas que gerou a redação técnica e o desenho técnico. Mesmo que os manifestantes da Semana de Arte Moderna de 1922 tivessem considerado uma vitória o aparecimento da arte como disciplina nas escolas, houve uma maquiagem que matou a arte. Passou-se ao desenho técnico, como se arte pudesse ser mecanizada.

O tempo passou, os governos mudaram, as escolas confessionais e demais escolas particulares continuaram a caminhada pedagógica, porém, sem mudança básica no essencial: permaneceram a segmentação e a multidisciplinaridade.

Acontece que a pedagogia das escolas tem em sua retaguarda uma inspiração. Se a escola for confessional essa inspiração está nos evangelhos de Jesus Cristo, em se tratando do mundo ocidental. Ora, a inspiração tende para a unidade, como no texto: "que todos sejam UM, como Eu e o Pai somos UM".

Acontece, porém, que a segmentação e a multidisciplinaridade levam a um pensamento oposto que indica separação e falta de unidade. Portanto, a inspiração acaba cedendo lugar à desagregação que, por sua vez, é antievangélica. Uma escola cristã acaba usando uma ferramenta agnóstica e, depois, diz não saber o porquê da falta de fé de seus alunos.

É fácil compreender o processo. Hoje, a visão do mundo tende a ser abrangente; alguns chamam essa visão de holística. Para atender a essas exigências e à unidade que representa o "pano de fundo" das escolas confessionais cristãs, deveria haver uma guinada pedagógica na direção da interdisciplinaridade, transdisciplinaridade e metadisciplinaridade.

Continuar o processo segmentado que distorce a visão do homem e da natureza, por meio de uma química orgânica e inorgânica; uma literatura, gramática e redação; uma geografia geral e do Brasil; uma história geral e do Brasil; uma citologia desligada da antropologia e funções vitais, adicionando-se uma linearidade a cada uma das subdisciplinas em questão, levará o aluno a compreender o mundo e as pessoas de maneira distorcida e, pior, para as escolas confessionais cristãs, uma visão não voltada para a unidade. As escolas que fazem isso e pregam aquilo produzem um aluno esquizofrênico.

Após o encontro com educadores da Escola
Padre Butinha. Jacarepaguá – Rio de Janeiro.

Seriação ou ciclos de aprendizagem?

Quando me fizeram essa pergunta para servir de matéria para um jornal de pedagogia, borbulharam em minha mente uma série de conferências de renomados educadores em congressos pelo Brasil.

Minha resposta, de imediato, é pela defesa dos ciclos de aprendizagem, dos estudos da complexidade e pela derrubada do determinismo.

Encaminho a questão com a resposta a algumas dúvidas comuns: por que as instituições de ensino ou gerências educacionais não fazem uma enquete entre professores para saber se eles aceitam ou não os ciclos no lugar da seriação?

Simplesmente porque, se isso for feito no Brasil, hoje, a maioria decidirá pela seriação porque são restritos os estudos sobre os ciclos. Não precisa fazer a pergunta. A resposta será conservadora, como a educação é conservadora.

Não temos de fazer enquete para saber se os professores aceitam ou não a teoria da relatividade ou a lei da gravidade. Mesmo sabendo da existência da relatividade, a mentalidade do magistério é marcadamente newtoniana e pouco chega até Einstein. A mudança é um imperativo de nosso tempo e está estribada em pesquisas de educadores de grande projeção internacional, bastando citar Philippe Perrenoud e Gather Thurler. Trata-se de um ensino voltado para o desenvolvimento psicológico do aprendente e muito menos focado nos conteúdos e no ensino oficial.

Em seus livros Edgard Morin insiste na derrubada do determinismo como um enfoque defasado e distorcido da visão de ordem, tipicamente positivista. O mundo está em constante turbulência e desordem caótica e não com os processos determinados e fins pré-estabelecidos.

Para se implantar o sistema de ciclos, algumas providências precisam ser tomadas: *deve ser gradativo,* com uma implantação gradual, preferencialmente iniciando-se pelas primeiras séries, facilitando a mudança de paradigma. É importante salientar que essa mudança não é do conhecimento da sociedade, dos professores e dos alunos; *deve ser acompanhada,* permitindo-se aos educadores uma formação permanente para que possam enfrentar as mudanças que trazem vários desconfortos aos docentes. O ciclo desinstala o docente. Provoca-se a desordem, frente à ordem antes existente, para se buscar a reorganização em outras situações; *supõe recuperação ao longo do processo*. Alunos que não conseguem assimilar os objetivos, mesmo com um ensino centrado no aprendente, necessitam de espaços para se recuperar. Podem ser séries de recuperação entre um ciclo e outro ou mesmo dentro do ciclo. O importante é que haja a possibilidade de sair para a recuperação e voltar para o ciclo normal. A visão acolhe o tempo em sua relatividade e velocidade diferente ao aprender. Essas questões quebram os paradigmas do instrucionismo que permeia quase todas as escolas brasileiras. Isso porque a escola brasileira, em relação ao mundo, é atrasada; *classes de aceleração* para atender aos que estão com a idade fora do ciclo são necessárias. Essas crianças não conseguem aprender porque a linguagem usada para ensinar aos mais novos não encanta aos mais adiantados em idade.

Uma segunda questão geral que se apresenta é justamente ligada ao que se faz com certa frequência. Muitos pensam que basta acabar com a reprovação por decreto que tudo estará resolvido. Este é o primeiro erro porque nada, de fato, mudou. Acabar com as classes de recuperação por falta de dinheiro para pagar os docentes é outro erro porque as reprovações são mais onerosas que as classes de recuperação. E, finalizando, cabe uma reflexão de caráter sociológico e econômico: antes a escola reprovava. Crianças, ainda hoje, no Brasil, levam em média DOZE ANOS para ultrapassar as séries do fundamental. No nordeste levam DEZESSEIS ANOS. O método é seriado e reprovador. Quem defende essa escola é uma pessoa que quer uma escola *"para pobre continuar pobre"*. No entanto, se os ciclos forem implantados e deles se tirar a classe de aceleração e as classes de recuperação, os alunos e alunas atravessarão os ciclos podendo chegar ao final completamente analfabetos. Porém, essa não é a proposta do ciclo. Também quem faz tal coisa é um profissional irresponsável que deseja que *"pobre continue pobre"*.

E, por fim, se diz: tudo o que foi dito é perfeitamente assimilável, porém, no Brasil não é possível implantar. Então concluo da seguinte maneira: se no Brasil não se pode fazer, estamos rejeitando o desenvolvimento de uma educação de qualidade, único dispositivo de que dispomos para enfrentar os danos que a globalização traz. Quem não quer mudar faça, então, o discurso do colonizador, seja sua capital em Lisboa, Londres ou Washington.

À pátria, essas pessoas prestam um desserviço por estarem com um cadeado na cabeça totalmente fechado e a chave jogada ao fundo de algum rio ou lagoa.

Para sermos educadores comprometidos e progressistas precisamos aderir à "formação continuada", caminho para compreender as mudanças de nosso tempo. Nossos alunos não aguentam mais receber as mesmas aulas ministradas para seus avós!

> Estávamos no final de dois dias de congresso de educação, em Porangatu – Goiás.
> No grupo, a secretária Cícera, a diretora Sebastiana e a professora Alda. Começava a soprar o vento do cerrado aliviando o calor.

Sobre os "caros" que saem "barato"

> *"Se você pensa que a educação e a saúde são coisas caras, aposte na ignorância e na doença."*
>
> Popular inglês

O ex-ministro Cristóvam Buarque é o pai da bolsa-escola. Muita gente reclamou dessa iniciativa alegando que ela era muito cara. Depois que viram tantas crianças dentro das escolas e aprendendo e recebendo educação, perceberam que era mais barata a iniciativa que milhares de menores espalhados pelas ruas da cidade.

Quando assumiu, há quatro anos, o governo do Distrito Federal, o governador Roriz e sua secretária de educação encomendaram uma pesquisa para provar que o emprego da bolsa era contraproducente. Provaram o óbvio: crianças beneficiadas pelo programa estavam frequentando mais as recuperações, cerravam fileiras entre os reprovados, num percentual muito grande, e representariam um desperdício. Quem elas eram? As mais pobres da população. Não seria necessária a pesquisa para provar isso. Mais caro seria a permanência delas fora da escola e as associações que estariam fazendo, por exemplo, com traficantes. Poucos anos depois muitos políticos, inclusive o governo federal de Fernando Henrique Cardoso, adotou a mesma medida, independente de ser uma ideia de um petista.

Foi criado há alguns anos um programa de educação de jovens e adultos. Visava alfabetizar, como gesto de recuperação da cidadania, aqueles que não permaneceram na escola ou não tiveram acesso a ela. Pois acharam alguns: políticos, empresários e até educadores, um gasto desnecessário porque depois dos 50 anos a pessoa não deveria entrar nas estatísticas do analfabetismo adulto por estar, em princípio, fora do mundo do trabalho. Estes se esqueceram que a idade do brasileiro está aumentando e que o fato da alfabetização devolver ao indivíduo mais felicidade e autoestima conta muito. Além disso, quanto mais conhecimento, até mais tarde pode-se trabalhar. O caro do programa acaba saindo mais barato porque as pessoas tornam-se mais produtivas. Pelo menos nesse aspecto o Brasil é mais honesto que outros países: conta como analfabetos todos os que estão acima de 14 anos de idade, mesmo os que ultrapassaram os 50. Por isso nosso percentual de analfabetos é de 13%. Se fizéssemos como alguns países menos escrupulosos, retiraríamos os idosos da contagem e desceríamos nosso analfabetismo para um dígito com facilidade. Pelo menos continuamos honestos nesse ponto. Mas, muitos ainda descartam esse tipo de programa porque custa muito. São os que apostam na ignorância!

Há quem alegue que as crianças estão indo à escola para comer e que isso é um absurdo. Escola, na visão deles, é para se estudar e não deveria ter o papel de assistência social. Também esse caro que, bem administrado, custa menos de R$ 0,60 a refeição. Foi nessa ótica que o ex-governador Garotinho lançou seus restaurantes. É mais barato alimentar que suportar famintos saqueando. O custo da comida é muito mais barato que a ansiedade ante a possibilidade de saques e arrastões.

O caro de hoje será o barato de amanhã porque os mais alimentados aprenderão mais e produzirão mais, garantindo uma terceira idade dos políticos, professores e demais profissionais com maior segurança.

O Brasil foi o último país das Américas a abolir a escravidão, a proclamar a independência e a república, a adotar a educação mista nas escolas e será o último a acabar com o analfabetismo dos adultos e jovens.

Espera-se que não seja o último a parar de reclamar contra as universidades que proliferam, contra a educação à distância e a fome da população. O país, para crescer em cidadania, precisa saber que existem algumas coisas "caras" que acabam sendo "baratas".

Aeroporto de São Luís – MA.
Esperava o voo para Brasília.

O perigo do pacto da ignorância

Na época da escola das certezas, quando muito, uma escola fazia reunião de início e final de ano. Tudo estava traçado e julgava-se, pela lentidão das mudanças, que os educadores estivessem preparados para dar conta do trabalho se soubessem os conteúdos da série sob sua responsabilidade.

Na época da escola das incertezas, as reuniões são contínuas porque tudo está em mutação. Daí a exigência, mais que natural, de disponibilizar para os educadores alguns tempos contratuais para estudo e formação permanente.

A suposição é que esse tempo seja cumprido nas escolas e que haja um programa definido pelos planejadores da educação. Assim, ao passar dos anos, os educadores irão assimilando conhecimento e acompanhando as transformações do mundo.

As escolas particulares costumam dedicar dois tempos semanais para tais tarefas. Em alguns estados brasileiros, as secretarias de educação dedicam quatro tempos por contrato.

Algumas exigem o cumprimento deles em parte nas escolas e, em parte, como melhor aprouver ao educador. Na Secretaria de Educação do Estado de São Paulo são 10 tempos-aula para planejamento e formação continuada. No estado de Rondônia são 20 tempos. Os demais 20, do contrato, correspondem à presença em sala de aula.

Alguns administradores da educação parecem "comer mosca" quando atribuem, tanto nas escolas particulares, quanto nas públicas, uma carga horária para a formação continuada, por matrícula, e determinam a presença do educador nos tempos correspondentes a uma só matrícula.

A intenção deveria ser, ao se consignar tempos de formação por matrícula, de se disponibilizar mais tempo para essa formação. A ideia básica é: mais trabalho deve estar para mais formação.

Se, por um lado, todas as empresas de boa qualidade devem estar preocupadas com a formação de seu pessoal, por outro, o pacto da ignorância em alguns lugares é preocupante.

Como funciona o pacto? O educador, assoberbado de trabalho, sugere ao supervisor que não faça planos para as reuniões de formação permanente. Elas passam a ocorrer de vez em quando, para constar nas atas e garantir os contratos. Por sua vez, os diretores, sobretudo os que são eleitos por seus pares, não fazem grande força para que os tempos de formação sejam cumpridos, garantindo, via populismo pedagógico, a eleição seguinte.

O resultado desse pacto é desastroso. Quem paga, esperando mais formação, recebe a devolução da permanência do conhecimento. Os educandos, que deveriam ser beneficiados por um processo que é sério em sua proposta, continuam a receber as aulas do mesmo jeito de sempre. Os educadores, que poderiam ter o tempo de formação pago, resultando em mais cultura ao longo do tempo, sem gasto de salário, nada acumulam e, praticamente, nada progridem. No dia em que tiverem de fazer algum outro concurso público porque desejam trabalhar mais ou porque mudaram de cidade ou estado, estarão despreparados.

Somando-se a isso tudo as instâncias que não pagam a formação permanente, nem a exigem, para fazer economia, nós permanecemos com uma administração dos recursos da educação sendo desviados pelos ralos da incompetência ou dá má intenção.

Pensando alguns estarem conseguindo vantagens, na realidade estão cavando sua própria desgraça profissional. Esse não me parece o melhor caminho para melhorar a competência e exigir mais salário.

Após o Congresso de Capão Bonito – SP.

Quando escrevia este livro, tive vontade de mandar instalar uma estrutura que suportasse o desenvolvimento de uma trepadeira na entrada de minha casa. Ficaria bem natural. Surpresa minha quando vi que um beija-flor escolheu uma parte da planta para fazer seu ninho.

Para enfeitar a casa precisaria arrebentar o ninho, quebrar os ovos e impedir o nascimento de dois beija-flores. As estruturas foram instaladas depois que eles nasceram.

Essa sintonia que é capaz de sentir com toda a natureza que nos cerca está fazendo falta na convivência e na educação.

O educador e o meio ambiente

Quando deram um machado a um indígena para que ele cortasse mais depressa as árvores, ele respondeu: que farei depois? – uma história dos índios Caiabis.

O papel do educador em relação ao meio ambiente é muito variado e não pode ser abordado em um único artigo. O que se segue é uma reflexão livre, procurando fazer alguns discernimentos em relação a alguns pontos da questão.

É macropolítico o papel do educador, portanto, está além de uma postura partidária, sobretudo quando essa mesma postura faz valer sua força, interferindo na natureza, porque a outra corrente pensa diferente. Nesses casos quem sofre é a população inteira, não importando a cor político-partidária.

Acredito que não teremos a oportunidade de termos à disposição outra "arca de Noé", não teremos outra chance.

Em todas as disciplinas que se lecione, a ecologia é um tema transversal importante a ser abordado, o que pode ser feito em atividades curriculares e cocurriculares. Minha experiência com a educação envolveu mais de trinta anos de escotismo, onde as práticas alertavam constantemente para a preservação da natureza.

O educador não pode ser apenas romântico, precisa ser mais prático; no entanto, o desenvolvimento sustentado merece especial análise para não ser um engodo. A biodiversidade é uma questão de sobrevivência da humanidade, mormente no que diz respeito aos microorganismos como o plâncton marinho. O educador é uma pessoa de análise e, portanto, uma queimada não deve ser analisada como algo que só prejudica as árvores, mas sim, que causa a morte de seres minúsculos e responsáveis pela oxigenação da terra, sem a qual pouco se produzirá.

Dar aulas sobre o avanço industrial sem considerar o que se destrói de camada de ozônio é ser um "dador de aulas" que despreza o câncer de pele.

Educadora, encontrei uma, chamada Professora Flora, em Colinas do Tocantins, no quilômetro 1000 da Belém – Brasília. Ela cuida de um espaço do tamanho de um campo de futebol onde planta a biodiversidade amazônica que diz respeito à saúde. Ali existem antibióticos, plantas que fazem cicatrizar feridas, eliminar vermes e tratar de úlceras. Flora colabora insistentemente com a diminuição da mortalidade infantil na região. Essa é uma educadora responsável. Para ela a educação é aprender a preservar aquilo que a natureza não conseguirá renovar num tempo hábil que sirva às vidas dos humanos.

Mas os humanos têm o direito de discordar. É um direito, não um dever. Ao discordar, no entanto, espera-se que haja por parte de quem discorde da preservação um aprendizado do impossível: tentar fazer outra arca sem a tecnologia de Noé.

Certo estava o índio Caiabi que rejeitou o machado, dependurou-o na maloca e disse ao seu amigo: - se eu cortar árvores em velocidade maior, que farei depois?

Se o tempo do índio era outro, outro deverá ser o tempo da terra, essa "gaia" envenenada, já irritada com tantas intervenções.

Muito se fala de assoreamento, pois bem, havia um aterro no bairro onde resido que lá permaneceu por 25 anos! Na enchente de 1996 a cabeça d'água levou esse aterro e o depositou junto a edifícios residenciais e foi o desastre que se conheceu. O rio voltou ao seu lugar. "Gaia" ficou enraivecida!

Como educador, penso o que a natureza anda imaginando sobre o Bengalas, o rio de minha cidade: uma empresa, aproveitando-se dos desentendimentos políticos e de alguns embargos, não fez a obra prometida; os sucessores reiniciaram as obras com outra estrutura, agora mais frágil e que não suportará os tubos de coleta do esgoto in natura; se o impacto ambiental é sobre o rio e suas margens, pergunta-se o porquê do muro de sustentação ao longo da construção do novo Fórum, porque o problema ou é do edifício ou é da margem; como está, a obra do Bengalas apresenta-se como uma bomba de lama sobre o sexto distrito. Resta saber se os responsáveis assumirão a culpa. Mas, quem são eles?

A falta de diálogo entre o homem e a terra, entre as forças da conservação da natureza e de sua exploração, entre o fazer, o produzir e o cuidar podem ser fatais para nossa sobrevivência. Temos de estar conectados à terra para senti-la mais de perto.

Ética e educação

O Brasil vive, hoje, uma situação de perigo porque existe um grupo de pessoas que não dorme por estarem passando fome e, outro grupo que não dorme com medo dos que passam fome. Só uma estrutura sem falta de ética é capaz de gerar uma situação social tão fortemente desigual e injusta. Não adianta, para tapar o sol com a peneira, atirar pedras num ou noutro governo. A questão é ligada a uma força histórica que atravessa séculos, e cabe a cada um de nós, neste momento histórico de nossas vidas, arregaçar as mangas, fazer a nossa parte, estar ligados e atentos aos que desenvolvem ações concretas para melhorar a situação, sabendo e tendo a humildade necessária para perceber que todos os problemas não serão resolvidos em nossa geração.

Diz Monlevade (2003), num artigo enviado a mim pela Internet, que o país e as famílias dos mais pobres investem

R$ 5.000,00 (cinco mil reais) em educação durante oito anos, enquanto uma família de classe média alta, junto com o governo, investe R$ 200.000,00 (duzentos mil reais) em 23 anos de formação, se contarmos da pré-escola até o mestrado. Diz o articulista que essa diferença é um alicerce-causa de muitos outros danos sociais. Para solucionar precisaríamos ter um crescimento do PIB brasileiro de 0,5% ao ano, porque só assim conseguiríamos um outro choque educacional com o investimento anual de sete bilhões de reais.

Se a formação continuada dos professores é necessária e ética, porque não se conseguirá acompanhar o desenvolvimento e as novas faces do conhecimento sem estudo contínuo, existem duas faltas de ética nessa questão: uma delas ligada às instituições que não se importam com essa formação; outra, no entanto, cabe a nós, professores, muitas vezes beneficiados com cargas horárias para planejamento e formação permanente mas que, na prática, transformam-se em tempos para cada um usar como bem desejar, sem que sobre alguma hora para a formação que se espera.

Não é ético, da parte dos governos e demais instituições promotoras do ensino e, sobretudo, da boa qualidade do ensino, não se preocupar com a necessidade que cada mestre tem de repor conhecimentos, acompanhar o desenvolvimento, inteirar-se dos avanços tecnológicos para melhor humanizá-los. Não é justo deixar para depois a questão salarial porque esse profissional estará desempenhando o papel de quem sobrevive a duras penas, sem ter condições de realizar, de fato, um trabalho com dignidade que, de um lado, dignifique sua pessoa profissional e, de outro, dignifique a própria sociedade.

Uma sociedade não pode ser chamada de ética e responsável deixando crianças fora da escola. Se a família não vier a cuidar, o caso passa a ser responsabilidade do Estado. Em alguns países, a irresponsabilidade pode ser punida com a solicitação de responsáveis perante um juiz ou tribunal.

A falta de ética pode atingir o todo da sociedade quando sistemas econômicos estruturados até de modo ortodoxo conseguem matar as pessoas graças aos arrochos que imprimem à economia. Nesse sentido, a conjugação entre macroeconomia e microeconomia precisa estar ajustada. Não interessa à ética que a macroeconomia vá muito bem, enquanto o Sr. José, da loja da esquina, está caminhando a passos largos para a falência porque não paga suas contas e não consegue repor seus estoques.

É falta de ética a desconsideração pelo outro, usando-o como escada ou aniquilando-o pelos pântanos da vida para poder sobreviver.

Podemos nós, professores, técnicos ou docentes, criar uma escola para o pobre continuar pobre. Vejamos: na escola tradicional ensinava-se o conteúdo oficial e esperava-se que todos aprendessem a um só tempo. Quem não aprendia ficava reprovado e, de tantas reprovações, saía da escola, permanecendo num nível cultural tão baixo que não conseguia subir na vida. Se fosse pobre continuava pobre. Uma nova escola com alguns conceitos mal interpretados pode conseguir a mesma coisa. Quem interpreta progressão continuada como aprovação automática e nada coloca no lugar das reprovações da escola do passado promove um aluno sem nada saber até o final do curso fundamental. De lá saindo, não conseguirá emprego porque nada sabe. Fingiram que lhe ensinaram e ele fingiu ter aprendido. Se for pobre continuará pobre. Pode haver perversidade maior?

A ética na educação supõe alguns princípios do avaliador. A indagação sistemática e a competência são necessárias, assim como a integridade e a honestidade. Se um educador tiver de ser supervisionado ou monitorado nesses elementos, a melhor coisa seria não contratá-lo. Ele não conseguiria ter respeito pelas pessoas nem responsabilidade pelo bem-estar geral que fazem parte da ética de qualquer docente.

Como educadores, precisamos perceber que a moral da criança passa por uma evolução. Quando nasce, a criança está num estado de "anomia", ou seja, ausência de lei. Ela não sabe o que é certo ou o que é errado. Mais tarde ela atravessa a fase da heteronomia, quando os mais velhos, os educadores, os tios ou padrinhos indicam se alguma coisa está certa ou errada.

A escola faz isto muito bem. A falta de ética está em impedir que a criança avance e chegue a atingir a autonomia. Quando uma escola se coloca na posição puramente heterônoma, rouba ao educando a possibilidade de se preparar para o futuro. Precisamos, se éticos desejamos ser, preparar as pessoas para a autonomia, o que significa conduzir para a responsabilidade pessoal assumida pelo estado de adultez.

Uma das preocupações do Dalai Lama com a ética reside no fato de convivermos com uma humanidade, em grande parte e segundo ele, sem religião. Se houvesse fé, diz o monge, seria mais fácil. No entanto ele propõe em seu livro *Uma ética para o terceiro milênio* alguns comportamentos que poderiam ser assumidos por todos, tanto os que têm fé, quanto os que não têm fé.

A ética da contenção, da virtude e da compaixão. Nesse último caso explicita a questão da compaixão pelos que foram lesados e pelos que causaram as lesões. A ética do sofrimento, essa atitude de ser capaz de sofrer com os que sofrem, banindo da própria vida a falta de sentimento e o não compartilhar a dor alheia. O mundo, segundo esse livro, precisa desenvolver a necessidade do discernimento, para ser capaz de escolher o que serve e o que não serve. A ética do compromisso, tão esquecida e tão necessária, assim como a ética da paz e responsabilidade. Raramente uma guerra será ética pelos males gerais que é capaz de causar.

Vivemos num mundo de grandes mudanças. Diante delas os comportamentos mudam muito e se diversificam. Quatro atitudes são terrivelmente antiéticas: a primeira, quando se estimula o conformismo entre os membros de uma organização; a segunda, quando se gera conflito entre as decisões e as necessidades de gerenciamento da escola; a terceira, quando são lançados boatos falsos ou parcialmente verdadeiros que afetam a moral da comunidade; a quarta, quando se promove a resistência em troca orientada para a manutenção do status quo.

A ética curva-se diante da estética do outro, à medida que a pessoa compreende seu tamanho diante da grandeza do mundo. Observar e contemplar a beleza das coisas criadas, dos escritos e das esculturas, da natureza em sua conservação e equilíbrio fazem parte de uma consciência ética. Tendem a compreender melhor o mundo as pessoas que são capazes de sentir a "invasão do organismo vivo pela força da existência".

A ética, enfim, orienta-nos no sentido da felicidade. Nós temos dois caminhos apresentados por Carkhuff (1974): a direção mais adequada deve ser escolhida de acordo com uma decisão básica: "se vou viver plenamente ou se vou morrer lentamente. As decisões de ficar ou deixar surgem das decisões de crescer".

A comunidade humana cobrará nosso crescimento. Nossos sacrifícios terão sentido se nos fizerem crescer, caso contrário, serão atitudes muito mais masoquistas que, propriamente, éticas.

Relembrando o encontro com o CEPERS de Santa Maria e Santa Cruz do Sul-RS.

MARCHA

Esculpi a floresta com olhar de poeta
Contornei espaços formados nas entranhas
Da terra mãe e hostil.
Desloquei o vento empurrei as rochas
Fraturei escarpas dobradas
Milenares testemunhos
Da criação do planeta.
Lavei-me em regatos puros
Escalei as encostas
Convivendo com abismos
Na esperança de ver
A mudança do tempo
Na estrutura do espaço
Em que a vida diária
Me esculpiu.

As megatendências do mundo atual I

Já está aceito pela comunidade internacional que o *conhecimento* é a megatendência de maior força. Uma decorrência é o interesse pela educação em todos os níveis. Quem não estiver preparado para estudar continuamente estará fora das possibilidades de influenciar e transformar a sociedade. Nesse sentido o Brasil enfrenta uma situação muito grave. Ainda luta para eliminar o analfabetismo absoluto e está longe de eliminar o analfabetismo funcional. A mentalidade mais forte encontra-se nas cópias e aluguéis de patentes que, propriamente, no desenvolvimento de pesquisas visando novos inventos.

É alarmante o resultado em 2002, quando o Brasil registrou 160 marcas e os Estados Unidos 29.000.

Mesmo sendo considerado bom o mercado do livro no Brasil, o país só reúne 1.240 livrarias, o que representa uma livraria para cada 137.000 habitantes. Na Alemanha existem umas 6.200 livrarias para uma população pouco superior a 80 milhões de habitantes.

A segunda megatendência que consideramos é a informação. Em todos os setores da vida, quem não tiver informações não saberá estabelecer estratégias corretas. Além disso, sabemos que uma estratégia errada e bem implementada provoca rapidamente a falência de qualquer empresa. O ideal seria estabelecer as estratégias corretamente e implementá-las bem. Assim as empresas terão condições de melhorar com maior rapidez.

É também inegável que a busca pelo TER é outra megatendência que, ao mesmo tempo, estressa as pessoas que buscam desenfreadamente o consumo e, ao mesmo tempo, conforme a quantidade da população consumidora, podemos ter um esgotamento dos recursos naturais. Bastaria imaginar uma China com a mesma quantidade proporcional de veículos automotores que a Europa. Se dependesse de combustível derivado do petróleo, teríamos um rápido esgotamento das reservas mundiais. A sabedoria pode estar na simplicidade, porém, a vida não é simples neste século do conhecimento.

Uma quarta megatendência mundial, apesar da fome e das guerras, das epidemias e regiões sem saneamento, é a longevidade. A humanidade está vivendo mais. Portanto, o cuidado com a própria saúde, a preparação para manter-se criativo e produtivo ao longo dos anos a mais de que disporemos é condição para se viver plenamente, caso contrário, morreremos lentamente ao longo dos anos de aposentadoria.

Mesmo que pareça um absurdo, a tendência é de trabalharmos efetivamente menos. Notamos que no mundo industrializado até os sindicatos estão defendendo a diminuição das horas de trabalho para manter os empregados ocupados e os sindicatos recebendo as contribuições. Interessante é verificar que os postos de trabalho não retornam. Surgem outros, em outras funções e que exigem outros saberes. A técnica levará o mundo ocidental dentro de uma década e meia a trabalhar QUATRO HORAS em cada dia. Em média um inglês já trabalha TRINTA HORAS por semana. Em breve trabalhará VINTE.

A sobrevivência, então, estará nos setores terciário e quaternário da economia. Para esses setores, no entanto, requer-se mais educação, mais conhecimento e mais informação. Fechamos assim esta primeira abordagem exatamente onde começamos: a megatendência do conhecimento. Tal abordagem serve para que organizemos nossas estratégias em função da vida futura, daquilo que está por vir e chegará com bastante rapidez.

Megatendências II

Agilidade é, sem dúvida, uma das tendências do mundo atual. Há pouco tempo, na era de He Man, valia a força. O lema: Eu tenho a força. Hoje, não adianta mais ter força, precisamos de agilidade; sem ela quase tudo está perdido. É nessa ótica que o guerrilheiro trabalha contra uma grande potência bélica. A grande potência tem a força, o guerrilheiro, a agilidade. Enquanto a potência em questão não atentar para esse aspecto, não conseguirá chegar a seus objetivos.

Muitas empresas perdem espaço pela falta de agilidade, caindo na mesmice e não acelerando seus próprios processos de produção, de entrega de mercadorias e de atendimento aos clientes. Basta tentar comprar uma passagem aérea. Em pouquíssimo tempo, de dentro de casa, podemos saber quem é mais ágil e quem atende melhor.

A educação permanente está presente em todos os campos do empreendimento. O que acabou no mundo moderno é a noção de curso de longa duração. Geralmente fazemos um ou dois de longa duração e, os demais, são cursos de algumas horas para atendimento de problemas imediatos. Nenhuma empresa, porém, poderá manter-se no mercado sem a formação permanente de seu pessoal. É comum e notório ouvirmos um profissional falar que está estudando todos os dias. Fácil compreender. Uma hora de Internet pode servir para aprender muita coisa. Essa educação permanente pode, no entanto, ser entendida como acúmulo de informações e conhecimentos. Grande erro! As informações precisam ser selecionadas através de um processo de discernimento e avaliação. O conhecimento é algo mais importante que as informações por não serem perecíveis. Mas, o mais importante como resultado da educação permanente é a *conexão*. Quem tiver muitas informações e muito conhecimento aliado a pouca conexão, será um ser perdido no espaço e pouco útil para a sociedade. Foi-se o tempo em que Napoleão dizia: "na igualdade de situações, vencerá quem tiver maiores informações".

A prova fatal de que as conexões são importantes está no trabalho das forças-tarefa em relação à criminalidade. Por que os bandidos se desenvolveram nos últimos anos? Por causa das conexões via telefones celulares. Quando uma força-tarefa quer atuar com segurança ela corta a conexão.

Estar informado é importante, saber é importante, porém, sem estar conectado quase nada se desenvolve.

Conheci no congresso Educar-Educador de São Paulo, no mês de maio de 2003, um professor da FAAP que trabalhou 25 anos com a rede Pão de Açúcar e leciona marketing nessa faculdade. Quando ele aplica provas, depois de uns quinze minutos, as tarefas são paralisadas e os alunos têm um tempo de 10 minutos para buscar "colas". Isso mesmo, são autorizados a "colar". Pode-se imaginar o tumulto dentro da sala e pelos corredores da faculdade. Ao ser perguntado, o professor resumiu de modo muito simples sua estratégia: "se um aluno depois de quatro meses de curso não sabe ainda onde encontrar as soluções para os problemas, não conseguiu restabelecer conexões para encaminhá-las, certamente será um péssimo profissional de marketing".

Se, por um lado, a loucura da estratégia é chocante, por outro, percebe-se que o professor está dando ênfase à capacidade de conexão prévia de seus alunos.

O mundo caminha pelas estradas que definem tendências. Essas duas desenvolvidas hoje são muito importantes: *educação permanente e conexão*.

Megatendências III

Caminha a humanidade para viver a *instantaneidade*. Já a vivemos. Quando pensamos que algo poderá acontecer no futuro, já ocorre no momento. Muitos comerciantes brasileiros não se adaptaram ao código de barras; pois bem, em breve ele será aposentado no Brasil. Tal fato já acorre em alguns países onde as registradoras lêem os chips instalados nos produtos. As filas junto aos caixas dos supermercados irão acabar. Quem pensou que a realidade dos cartões magnéticos custaria a chegar pode estar sofrendo uma concorrência, agora, de lojas que os instalaram.

Precisamos saber conviver com o instantâneo das coisas novas. Isso exigirá de cada um a mobilidade de adaptar-se para fazer distinções apuradas. Mas é o caminho. Sem adaptação e sem a possibilidade de distinguir para escolher perderemos o rumo de nossas vidas e de nossos trabalhos. Essa é uma das mais angustiantes realidades: velocidade cada vez maior.

A *biorrevolução* é outra realidade que questiona princípios éticos e morais, exigindo de filósofos e religiosos explicações para situações antes inusitadas. Questões de clonagem, propriedade de seres criados em laboratório, vidas que podem surgir sem o concurso de mais de um gênero, enfim, situações que levam ao limite o comportamento e o pensamento humano, exigindo atitudes compatíveis com valores antes existentes e, agora, em rápida transformação. Muitos fatos são misteriosos e inexplicáveis, porém, fatos.

Provavelmente uma outra megatendência, *o ócio criativo*, possa ser o caminho para se chegar às explicações que o ser humano pede e até exige em nossos dias. O tempo da ociosidade aumenta e precisa ser usado para criar. Nossa mente, nesses momentos, tem condição de criar soluções. A questão é que as escolas desenvolveram muito pouco a capacidade de imaginar. Trabalharam para fazer repetir o ensinado e, não, criar de modo imaginativo, após o que foi ensinado. Nesse sentido nossas escolas, conhecidas como boas escolas, pouco diferem de um sistema industrial e linear do início do século passado. Mesmo assim, educadores de renome não conseguem vislumbrar que a saída está na imaginação. Insistem em repetir o que foi ensinado, apesar do tédio dos alunos. Esse tédio tem explicação: é provocado pela falta do tempo dedicado à

Educar é sentir as pessoas

imaginação. O estudo torna-se enfadonho e a escola um lugar desagradável. Precisamos aprender a lidar com o ócio. Ócio não é perda de tempo e, sim, preciosa oportunidade para avançar com criatividade.

A *meritocracia* é uma outra tendência mundial, mesmo assim ainda existem políticos e administradores que insistem em lidar com os apadrinhamentos. Detestam os concursos públicos. Usam de todos os subterfúgios legais e apostam nas chicanas dos tribunais para anular concursos e, assim, trabalhar com aqueles que são seus apadrinhados. Quem foge do mérito está defasado no tempo. Na realidade é um alienígena que não se percebeu nos porões do atraso e se estriba em sistemas típicos de um coronelismo míope já apodrecido nos tempos dos caudilhos. Por isso os governos e administrações que não adotam a meritocracia estão fedendo e contaminando os ares em seu entorno. O mundo moderno precisa de uma política que ultrapasse as urnas, que permeie a sociedade, fazendo do funcionário público um verdadeiro funcionário do público e, não, de um ou outro mandatário que ocupa temporariamente um determinado posto de exercício de poder. Mas, como exigir meritocracia de pessoas defasadas, que não leem nem estudam, olham o mundo como se estivéssemos ainda na era das máquinas, quando a era das pessoas já se instalou? Como exigir meritocracia de pessoas com pensamento linear, quando o mundo já aderiu à complexidade mesmo nas mais simples empresas? Trata-se de uma questão de cultura e adaptação ao tempo e essa postura deveria nortear as escolhas dos dirigentes e administradores, sob pena da permanência do atraso. Pena que alguns só acordam para o atraso quando se veem rapinados por estranhos que nada construíram e não fazem parte da história. Vale concluir com uma estrofe da canção de Leon Gieco e Raul Elwangler: "eu só peço a Deus..." *Eu só peço a Deus que a mentira não me seja indiferente, se um só traidor tem mais poder que um povo, que esse povo não o esqueça facilmente.*

Megatendências IV

Seria bom pensarmos que não haverá outra arca de Noé como nos conta a Bíblia. Ou cuidamos da terra ou morreremos com ela. Por isso o mundo caminha em função de uma preocupação com a nossa casa, esta terra. Daí a *ecologia* ser uma das megatendências do mundo atual. Cada vez mais essa preocupação aumentará como defesa dos seres humanos exigentes e presentes em protestos como ocorre com o projeto do Green Peace. Países que se negam a assinar o tratado de Kioto, se por um lado fogem de pagamentos de multas pesadas por poluírem o meio ambiente, por outro lado caminham a passos largos para se destruírem. No caso da terra, a questão torna-se mais complexa porque a destruição de um poderá significar a destruição de todos. Em todos os cantos vemos trabalhos serem desenvolvidos em relação à educação ecológica nas escolas, a coleta do lixo de modo seletivo, facilitando para as empresas de limpeza pública e mantendo os ambientes mais adequados à vida. Foi-se o tempo da preocupação com os CFCs, fixando-se, agora, a preocupação mundial com a preservação da água. Creio mesmo que a guerra contra o Iraque tem a ver com o petróleo, mas está intimamente ligada à água. O Iraque é o país mais bem servido de água no Oriente Médio. Sem os rios Tigre e Eufrates a vida seria muito mais difícil. O desenvolvimento de uma consciência de preservação faz parte da sobrevivência da humanidade.

Todos os dias os jornais falam das *ONGs*. Elas também estão alinhadas entre as tendências deste século. Foram crescendo em todos os continentes. Mesmo que existam algumas de pouca confiança, a maioria dessas organizações não governamentais presta inestimável serviço à humanidade, muitas delas recebendo prêmios pelos serviços de relevância. À medida que vai sendo disseminada a educação, vai crescendo a consciência crítica de cidadãos que miram seu próprio futuro. A participação aumenta e se coloca lado a lado com os governos que são obrigados a perceber que existem outros que passam a exigir um espaço para falar, interferir e contribuir. Mesmo que as pessoas mais retrógradas vivam criticando a existência de ONGs, elas parecem ser irreversíveis, estão disseminadas, representam um modo original de participação que não pode ser impedido, a não ser por forças totalitárias e completamente contrárias à visão da democracia e liberdade no mundo.

Este século é, ainda, o *século da mulher*. Aí está mais uma tendência de caráter abrangente. As mulheres estão ocupando postos cada vez mais avançados nas administrações, embora ainda se conviva com muitas que se acanham ou são aniquiladas por visões superadas dentro de uma sociedade de país emergente. Existem ainda, como resistência, culturas estribadas em conceitos religiosos que submetem a mulher. Mas, onde estaria a raiz dessa crescente participação e até tomada dos postos, antes destinados aos homens? Certamente na vida de brinquedos das mulheres. Enquanto os homens brincavam com carrinhos e desenvolviam uma mentalidade linear, as meninas tinham brinquedos que levavam a uma visão mais abrangente de uma situação. Brincar de casinha dava uma ideia mais ampla do espaço a ser dimensionado. Atualmente, os computadores estão disponíveis para os meninos e meninas, ou seja, no século XXI a lei do jogo está mais equilibrada. A mulher independente e que se sustenta é uma das marcas mais fortes deste século em se tratando de estrutura familiar, por isso as constituições passaram, sobretudo no ocidente, a dividir a responsabilidade da família entre o homem e a mulher, acabando com o antigo conceito de pátrio poder.

Conviver com esse novo quadro de participação requer dos seres humanos mais respeito à questão de gênero que vai muito além, na visão de Domenico de Mais, das épocas remotas em que a mulher descobriu a semente e fixou o homem à terra.

Megatendências V

O mundo atual matou a distância. Esta megatendência, a *morte da distância*, é um fato. Não se consegue mais falar em distância sem falar em tempo e os meios de transporte, cada vez mais rápidos, possibilitam trabalhos em lugares diferentes, beneficiando muita gente. Enquanto os países emergentes levam semanas para fazer a entrega de uma mercadoria, outros, desenvolvidos, conseguem entregar tudo em um dia. Assim os estoques não precisam ficar abarrotados, consumindo energia e segurança para garantir aos clientes os produtos procurados. Velhos modelos foram substituídos por veículos de alta velocidade e, em breve, será motivo de riso dizer que do Rio de Janeiro a Singapura leva-se um dia de viagem com as escalas.

Para vivermos em sintonia com essa morte é preciso ter uma noção do tempo unida à noção de espaço, portanto, dentro de uma concepção de Einstein. Se uma pessoa fica atônita porque estamos muito distantes em quilômetros, basta dizer que chegaremos dentro de um determinado tempo, correspondente ao da viagem aérea, e tudo se acalmará. Não vale mais a pena dizer-se afastado de um ponto qualquer 2.500 quilômetros. Basta informar que a distância será percorrida em três horas. Há, ainda, as distâncias que são mortas pelos fusos horários. Mas, os fusos tratam do tempo! Pois é isso mesmo, tratando do tempo, você acaba chegando antes, pode fazer conexões em aeroportos e chegar antes do previsto, como se o espaço tivesse diminuído. O século XXI exige essa convivência e a compreensão de que nem tudo é inacessível como antigamente. E pensarmos que sobre a primeira linha férrea inglesa o trem se deslocava a 15 quilômetros por hora!

A morte da distância pode trazer consigo a perda do sabor das contemplações. O trem-bala é tão veloz que dele não se pode contemplar a paisagem. Quem só viaja de avião não conhece o entorno das cidades e regiões que visita. As visões podem ser pontuais e distorcidas. Essa é outra consequência que precisa ser levada em conta quando analisamos os lugares que conhecemos porque, vale a pergunta, afinal será que conhecemos mesmo ou temos uma vaga ideia?

O mundo é dialético. Hegel tinha razão. Diante da globalização, que é uma megatendência, existe seu contrário: a *tribalização*. Grupos de humanos usam palavras próprias de seus bairros e condomínios, os pearcings são usados conforme os costumes dessas tribos urbanas; as músicas, os grafites e as tatuagens seguem o mesmo ritmo. Existe, portanto, um mundo local que, para ser entendido, deve ser observado com o cuidado de um pesquisador. Trata-se de um mundo singular na visão de Bourdier. As tribos se deslocam. Hoje um barzinho está cheio, amanhã vazio. A tribo migrou. Muitas tribos procuram e deixam escolas, assim como existem bons observadores que trabalham para atrair os líderes tribais para seus bares e escolas. Um líder tribal pode fazer deslocar uma tribo ou várias de um local para outro; até de um bairro para outro, bastando que o dono do barzinho garanta-lhe gratuidades como compensação pelo convencimento dos tribais a mudarem de endereço. Assim também diretores inescrupulosos de algumas escolas podem conceder bolsas aos líderes tribais mediante a matrícula de um número determinado de candidatos. Quem não pensa tribalmente e se fixa na tese da globalização como única visão do mundo pode falir na esquina de seu bairro. Interessante que a análise nos levará a uma visão do comprometimento da ética tanto na tese quanto na antítese. Algumas ações globais ferem a ética tanto quanto as ações tribais.

O mundo exige leituras diferentes e argúcias diferentes para ser compreendido. O desprezo de uma das facetas que facilita a compreensão pode comprometer a análise como um todo.

BIBLIOGRAFIA

CARCKUFF, Robert R. *O relacionamento de ajuda*, Cepepe Editora, Belo Horizonte, 1974.

FAURE, Edgar et alii, *Aprender a ser*, Livraria Bertrand, 1972, Lisboa Portugal.

HOFFMANN, Jussara, *Avaliar para promover – as setas do caminho*, Editora Mediação, 2001, Porto Alegre.

LAMA, Dalai, *Uma ética para o novo milênio*, Sextante Editora, Rio de Janeiro, 1999.

MONLEVADE, João Antônio Cabral de, *Artigo pela Internet*, 2003.

MORIN, Edgar, *Os sete saberes necessários à educação do futuro*, Cortez e Unesco, São Paulo e Brasília, 1999.

PENA-VEGA, Alfredo et alii, *Edgar Morin: ética, cultura e educação*, Cortez, São Paulo, 2003.

PRIMACK, Richard B. e Efraim Rodrigues, *Biologia da conservação*, Editora Vozes, Petrópolis, 2001.

WERNECK, Hamilton, *Quem decide pode errar, quem não decide já errou*, Editora Vozes, Petrópolis, 6ª. edição, 2002.

WERNECK, Hamilton, *A sabedoria está na simplicidade*, Editora Vozes, Petrópolis, 2003.

WERNECK, Hamilton, *A nota prende, a sabedoria liberta*, DPA Editora, Rio de Janeiro, 3ª. edição, 2003.

YUS, Rafael, *Educação integral, uma educação holística para o século XXI*, Artmed, Porto Alegre, 2001.

ZABALA, Antoni, *A prática educativa*, Artmed, Porto Alegre, 1995.

OBRAS PUBLICADAS

- *Ensinamos demais, aprendemos de menos*, 19ª edição, Editora Vozes.
- *Se você finge que ensina, eu finjo que aprendo*, 22ª edição, Editora Vozes.
- *Assinei o diploma com o polegar*, 7ª edição, Editora Vozes.
- *Prova, provão, camisa de força da educação*, 8ª edição, Editora Vozes.
- *Quem decide pode errar, quem não decide já errou*, 6ª edição, Editora Vozes.
- *Como vencer na vida sendo professor*, 12ª edição, Editora Vozes.
- *Vestibular, eu quero, eu posso, eu vou passar*, 6ª edição, Editora Vozes.
- *Tornei-me pessoa*, 3ª edição, Editora Vozes.
- *A sabedoria está na simplicidade*, Editora Vozes.
- *Se a boa escola é a que reprova, o bom hospital é o que mata*, 9ª edição, Editora DPA.
- *Como encantar alunos da matrícula ao diploma*, 3ª edição, Editora DPA.
- *A nota prende, a sabedoria liberta*, 2ª edição, Editora DPA.
- *Ousadia de viver*, 2ª edição, Editora DPA.
- *Ousadia de ser feliz*, Editora DPA.
- *O profissional do século XXI*, Editora Record, Rio de Janeiro.

CONFERÊNCIAS E CURSOS MINISTRADOS PELO PROFESSOR HAMILTON WERNECK

1. Reflexão pedagógica e autoestima do professor.
2. Escola-empresa para o século XXI.
3. O profissional do magistério no século XXI.
4. Avaliação do rendimento escolar.
5. Como vencer na vida sendo professor.
6. Como encantar alunos da matrícula ao diploma.
7. O aprendizado visual, auditivo e cinestésico.
8. Profissões do futuro (palestra para alunos da 8ª série ao 3º ano do ensino médio sobre escolha profissional).
9. Viver, ler e escrever.
10. Quem decide pode errar, quem não decide já errou.
11. Novos paradigmas da escola, envolvendo a questão dos limites dos educandos e educadores (palestra para pais e professores).

Agendar as palestras com antecedência de quatro meses.

Hamilton Werneck Rua Antonio Pereira de Jesus, 161 CEP 28.621-530. Cônego Nova Friburgo-RJ	*Fones*: (0xx22) 2522-1429 – residência (0xx22) 2522-8381 – fax da residênda (0xx22) 2522-5777 – loja – recados (0xx22) 2523-9972 – Universidade (0xx27) 9989-6286 – Celular *Site*: www.hamiltonwerneck.com.br *e-mail*: hamilton@netflash.com.br

FITAS DE VÍDEO

- Reflexão pedagógica e autoestima
- Realizando-se como educador
- Cotidiano da sala de aula

Assessoria:
O Professor Hamilton Werneck presta assessorias através da firma H.W. Estações da Vida, às Secretarias de Educação, Universidades e colégios.
Todo o material didático de autoria do professor poderá ser adquirido através de:
H.W. Estações da Vida
Rua Antonio Pereira de Jesus, 161
28.621-530 Cônego
Nova Friburgo R.J.
CNPJ 04.729.845/0001-73
I.E. 77.285.350
I.M. 7290

Índice

Reflexão pedagógica e autoestima 7

A autoestima como recurso da prática docente 12

Ensaio sobre os poderes 19

Diretor de escola: uma função ampla e irrestrita 22

Por que o teatro causa medo? 27

Teatro e behaviorismo 30

O teatro na preparação do futuro profissional 33

As competências e a religação dos saberes
e a avaliação escolar 39

Religação dos saberes e avaliação I 45

Religação dos saberes e avaliação II 48

Entre o determinismo e a complexidade 53

Segmentação – segregação – exclusão 63

O mundo cristão e o agnosticismo positivista 66

Scriação ou ciclos de aprendizagem? 69

Sobre os "caros" que saem "barato" 74

O perigo do pacto da ignorância 77

O educador e o meio ambiente 83

Ética e educação 87

As megatendências do mundo atual I 97

Megatendências II 100

Megatendências III 103

Megatendências IV 107

Megatendências V 110

Bibliografia 113

Obras publicadas 114

Conferências e cursos ministrados pelo
professor Hamilton Werneck 115

Fitas de vídeo 116

Esta obra foi composta em CTcP
Capa: Supremo 250g – Miolo: Pólen Soft 80g
Impressão e acabamento
Gráfica e Editora Santuário